雲南省會澤縣圖書館館藏古籍目錄

雲南省會澤縣圖書館館藏古籍目錄編委會 編

陝西師範大學出版總社

圖書代號：ZH18N1748

圖書在版編目（CIP）數據

雲南省會澤縣圖書館館藏古籍目録/雲南省會澤縣圖書館館藏古籍目録編委會編. —西安：陝西師範大學出版總社有限公司，2018.12
　ISBN 978-7-5695-0423-1

Ⅰ.①雲… Ⅱ.①雲… Ⅲ.①公共圖書館—古籍—圖書目録—會澤縣 Ⅳ.①Z838

中國版本圖書館CIP數據核字(2018)第281519號

雲南省會澤縣圖書館館藏古籍目録
YUNNANSHENG HUIZEXIAN TUSHUGUAN GUANCANG GUJIMULU
雲南省會澤縣圖書館館藏古籍目録編委會　編

策劃編輯	馬　磊
責任編輯	李　薔
責任校對	馬　磊
裝幀設計	北京世紀超星信息技術發展有限責任公司
出版發行	陝西師範大學出版總社
	（西安市長安南路199號　郵編710062）
網　　址	http://www.snupg.com
印　　刷	陝西金和印務有限公司
開　　本	890mm×1240mm　1/16
印　　張	9.75
字　　數	150千
版　　次	2018年12月第1版
印　　次	2018年12月第1次印刷
書　　號	ISBN 978-7-5695-0423-1
定　　價	80.00圓

讀者購書、書店添貨或發現印裝質量問題，請與本公司營銷部聯系、調换。
電話：(029) 85307864　85303629　傳真：(029) 85303879

雲南省會澤縣圖書館館藏古籍目録
編委會

主　編　　姜仕華
副主編　　肖利慶
　　　　　李慶華
編　委　　馮朝麗
　　　　　陳慶蘭
　　　　　周　珏

索書號：史174　排架號：3-3-1

東川府志二十卷

〔清〕方桂編輯〔清〕胡蔚纂

清光緒三十四年（1908）東川師範學堂刻本

全6冊　26.5cm×17.3cm　版框20.5cm×15cm

九行　二十二字　白口　四周雙邊　單順

黑魚尾　册1有殘損

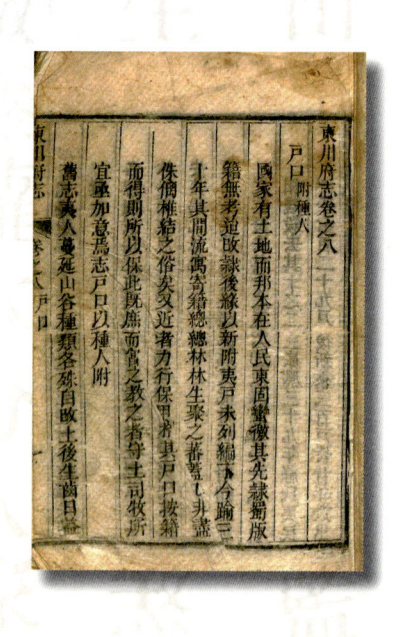

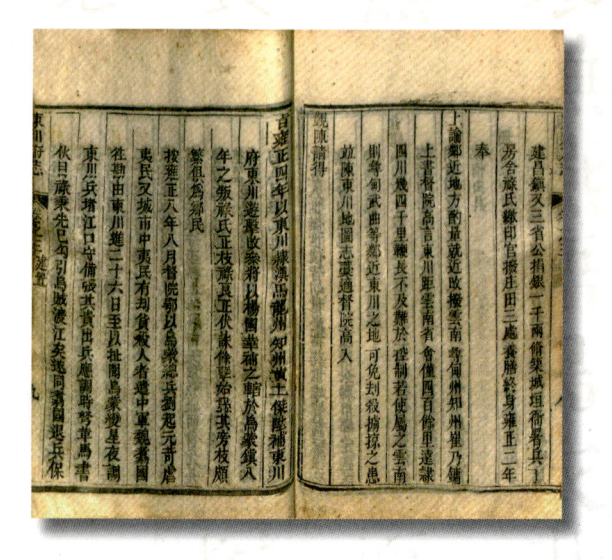

索書號：善2　排架號：30-1-1

全滇義學彙記上下冊

未署撰者　清雍正十二年（1734）刻本

全2冊　27cm×18.5cm　版框22cm×16.1cm

十行　二十一字　白口　四周雙邊　單順黑魚尾

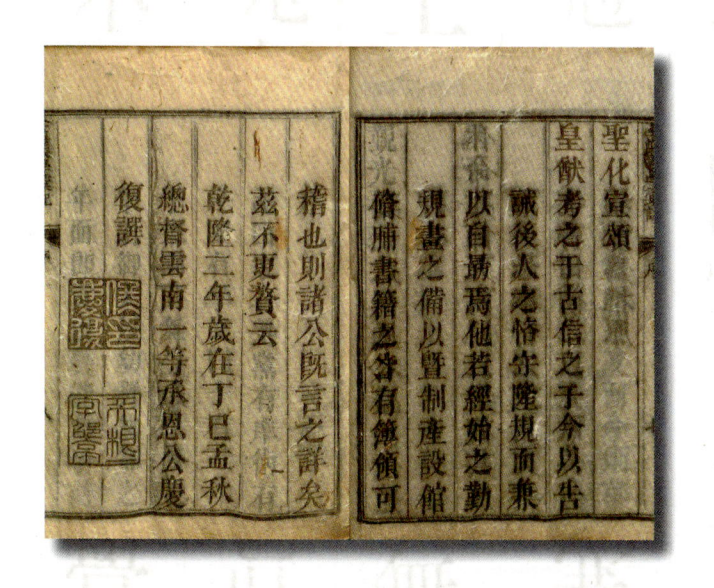

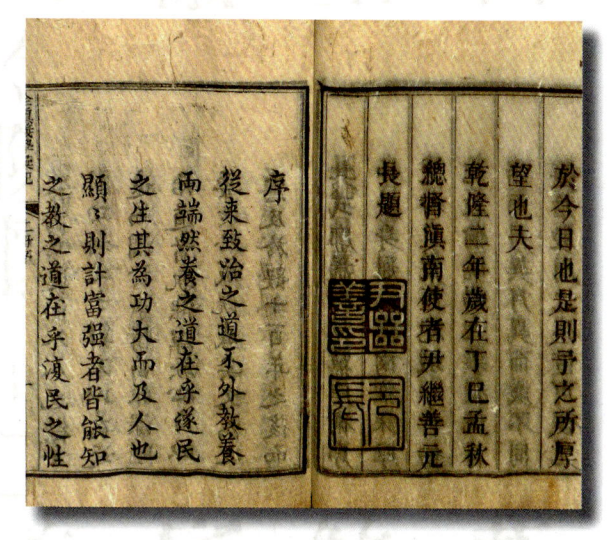

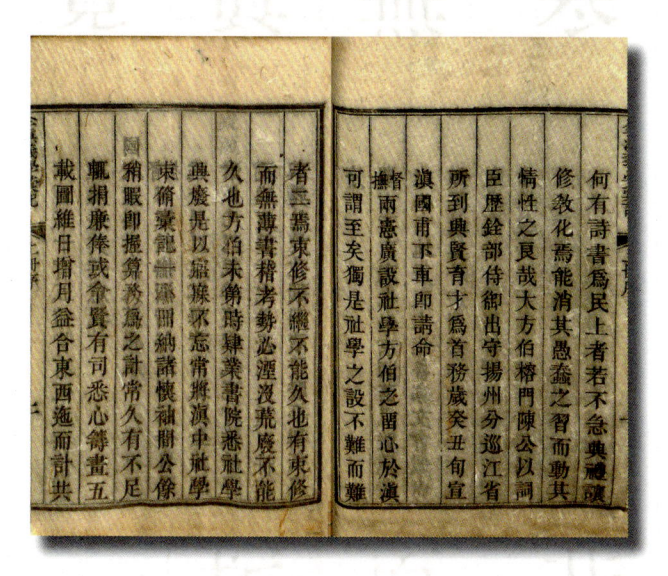

索書號：善6　排架號：30-1-2

二十一史約編一卷

〔清〕鄭芷畦述　〔清〕陳瞿石鑒定

清魚計亭藏版刻本　全10冊

26.3cm×16.6cm　版框 18.9cm×13.7cm

九行　二十一字　白口　四周單邊

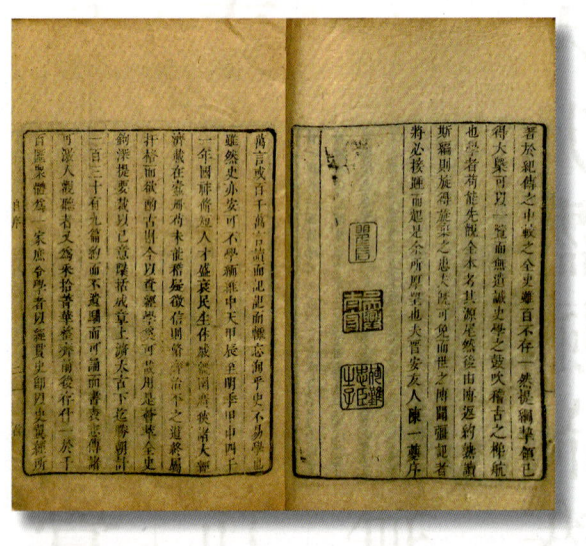

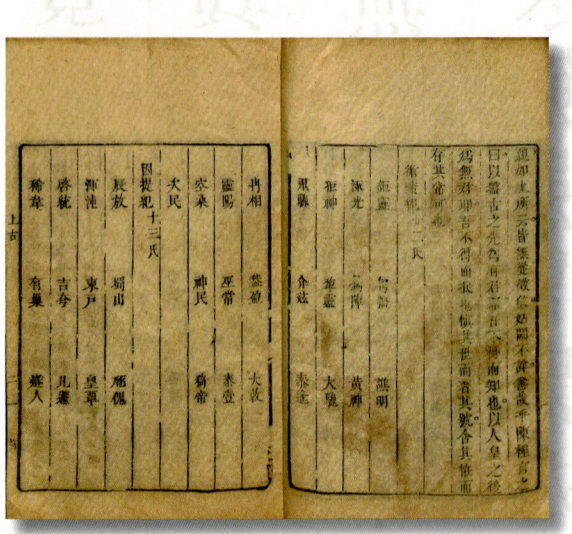

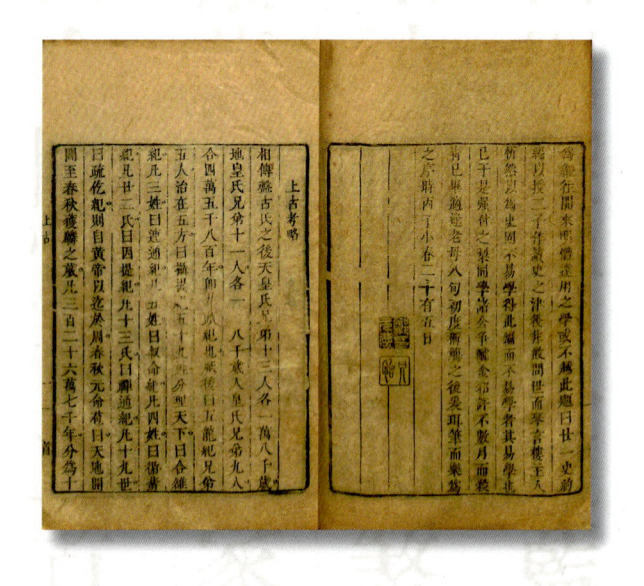

索書號：善 32　排架號：30-2-4

山曉閣選明文全集二十四卷

〔清〕孫琮輯　清康熙十六年（1677）文雅堂刻本　全 15 冊　25.6cm×13.1cm　版框 20.6cm×12.3cm　九行　二十五字　白口　四周單邊

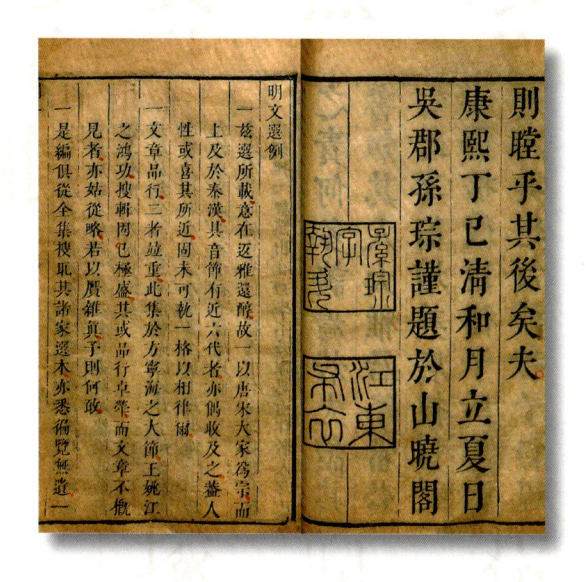

十一行　十九字　白口　四周單邊　雙對黑魚尾

索書號：經94　排架號：27-5-1
來瞿唐先生易注十六卷　〔明〕來知德撰　清青黎閣藏刻本　存9冊，共10冊　24.7cm×15.6cm　版框21cm×13cm　九行　二十一字　白口　四周雙邊　單順黑魚尾

索書號：經107　排架號：27-5-2
周易圖說□□卷　〔清〕懋甫撰　清刻本　存1冊（卷十至十一）總冊數不詳　26.8cm×17cm　版框21cm×13.3cm　九行　二十一字　白口　四周雙邊　單順黑魚尾　全書殘損

索書號：經108　排架號：27-5-2
元包經傳□□卷　〔周〕衛元嵩述　清嘉慶十八年（1813）什邡縣文昌閣藏版刻本　存1冊（卷一至五）總冊數不詳　25.5cm×16.9cm　版框20.2cm×14.4cm　八行　十六字　粗黑口　四周雙邊　單順黑魚尾

索書號：經113　排架號：27-5-3
周易分類增注五卷　〔清〕楊鐘鬥著　民國二年（1913）雲南官印局刻本　全5冊　26.1cm×15cm　無版框　十行　二十四字　白口

索書號：經116　排架號：27-5-4
易林四卷　〔漢〕焦贛撰　清光緒湖北崇文書局刻本　全4冊　26.8cm×17.1cm　版框19.3cm×14.9cm　十二行　二十三字　粗黑口　四周雙邊　雙對黑魚尾

索書號：經120　排架號：27-6-1
易學入門八卷首一卷附分宮圖說　〔清〕盧芳林編輯　清光緒二十四年（1898）澄邁縣署鐫版刻本　全9冊　22.8cm×15.6cm　版框19cm×13.8cm　十四行　二十三字　白口　四周雙邊　單順黑魚尾

索書號：經126　排架號：27-6-4
御纂周易折中二十二卷　〔清〕李光地撰　清光緒十六年（1890）雲南書局刻本　全16冊　26.6cm×17.5cm　版框22.5cm×16cm　八行　四十二字　白口　四周雙邊　單順黑魚尾

索書號：經140　排架號：26-1-2
子夏易傳十一卷　〔春秋〕卜子夏撰　清同治十二年（1873）粵東書局刻本　全2冊　26.3cm×16.4cm　版框19.2cm×15cm　十一行　二十字　白口　左右雙邊　單順黑魚尾　冊2殘損

索書號：經141　排架號：26-1-2
易數鉤隱圖三卷遺論九事一卷　〔宋〕劉牧撰　〔清〕納蘭成德校訂　清通志堂刻本　全1冊　26.3cm×16.4cm　版框19.3cm×15.4cm　十一行　二十字　白口　左右雙邊　單順黑魚尾

索書號：經142　排架號：26-1-2
橫渠易說三卷　〔宋〕張載撰〔清〕納蘭成德校訂　清通志堂刻本　全1冊　26.3cm×16.4cm　版框19.1cm×15cm　十一行　十九字　白口　左右雙邊　單順黑魚尾

索書號：經143　排架號：26-1-2
易學一卷　〔宋〕王湜撰〔清〕納蘭成德校訂　清通志堂刻本　全1冊　26.3cm×16.4cm　版框19cm×15cm　十一行　十九字　白口　左右雙邊　單順黑魚尾

索書號：經144　排架號：26-1-2
紫巖易傳十卷　〔宋〕張浚撰〔清〕納蘭成德校訂　清通志堂刻本　全4冊　26.3cm×16.4cm　版框19.3cm×14.7cm　十一行　十九字　白口　四周單邊　單順黑魚尾

索書號：經145　排架號：26-1-2
漢上易傳十一卷卦圖三卷叢說一卷　〔宋〕朱震撰　清通志堂刻本　全4冊　26.3cm×16.4cm　版框19cm×14.5cm　十三行　二十二字　白口　左右雙邊　單順黑魚尾

索書號：經146　排架號：26-1-2
易璇璣三卷　〔宋〕吳沆撰　清通志堂刻本　全1冊　26.3cm×16.4cm　版框19.2cm×14.3cm　十一行　二十字　白口　四周單邊　單順黑魚尾

索書號：經147　排架號：26-1-3
周易義海撮要十二卷　〔宋〕李衡撰　清通志堂刻本　全4冊　26.3cm×16.4cm　版框19cm×14.2cm　十三行　二十二字　白口　左右雙邊　單順黑魚尾

索書號：經148　排架號：26-1-3
易小傳六卷　〔宋〕沈該撰　清通志堂刻本　全3冊　26.3cm×16.4cm　版框19.3cm×14.6cm　十一行　十九字　白口　左右雙邊　單順黑魚尾

索書號：經149　排架號：26-1-3
復齋易說六卷附古周易一卷　〔宋〕趙彥肅撰　清通志堂刻本　全1冊　26.3cm×16.4cm　版框19.6cm×15cm　十一行　二十字　白口　左右雙邊　單順黑魚尾

索書號：經150　排架號：26-1-3
童溪易傳三十卷　〔宋〕王宗傳撰　清通志堂刻本　全6冊　26.3cm×16.4cm　版框19.3cm×15cm　十一行　十九字　白口　左右雙邊　單順黑魚尾

索書號：經151　排架號：26-1-3
易圖說三卷　〔宋〕吳仁傑撰　清通志堂刻本　全1冊　26.3cm×16.4cm　版框19.2cm×15cm　十一行　十九字　白口　左右雙邊　單順黑魚尾

索書號：經152　排架號：26-1-4
易學啟蒙通釋二卷　〔宋〕胡方平撰

清通志堂刻本　全1册　26.3cm×16.4cm
版框19.3cm×14.8cm　十一行　字數
不等　白口　左右雙邊　單順黑魚尾

索書號：經153　排架號：26-1-4
周易玩辭十六卷　〔宋〕項安世述　清
通志堂刻本　全4册　26.3cm×16.4cm
版框19.5cm×15cm　十一行　二十字
白口　左右雙邊　單順黑魚尾

索書號：經154　排架號：26-1-4
東谷易翼傳二卷　〔宋〕鄭汝諧撰　清
通志堂刻本　全2册　26.3cm×16.4cm
版框19.5cm×15cm　十一行　十九字
白口　左右雙邊　單順黑魚尾

索書號：經155　排架號：26-1-4
三易備遺十卷　〔宋〕朱元升述　清通
志堂刻本　全3册　26.3cm×16.4cm
版框19.6cm×15cm　十一行　二十字
白口　左右雙邊　單順黑魚尾

索書號：經156　排架號：26-1-4
丙子學易編一卷　〔宋〕李心傳撰　清
通志堂刻本　全1册　26.3cm×16.4cm
版框19.5cm×15cm　十一行　二十字
白口　左右雙邊　單順黑魚尾

索書號：經157　排架號：26-1-4
水村易鏡一卷　〔宋〕林光世述　清通
志堂刻本　全1册　26.3cm×16.4cm
版框19.5cm×15cm　十一行　二十字
白口　左右雙邊　單順黑魚尾

索書號：經158　排架號：26-1-4
朱文公易説二十三卷　〔宋〕朱鑑輯
清通志堂刻本　全8册　26.3cm×16.4cm
版框19.3cm×15cm　十一行　十九字
白口　左右雙邊　單順黑魚尾

索書號：經159　排架號：26-1-5
大易緝説十卷　〔元〕王申子述　清通
志堂刻本　全4册　26.3cm×16.4cm
版框19.8cm×15cm　十一行　十九字
白口　左右雙邊　單順黑魚尾

索書號：經160　排架號：26-1-5
周易輯聞六卷附易雅一卷筮宗一卷
〔宋〕趙汝楳述　清通志堂刻本　全5册
26.3cm×16.4cm　版框19.5cm×15cm
十一行　十九字　白口　左右雙邊　單
順黑魚尾

索書號：經161　排架號：26-2-1
董氏易上經傳義附録十四卷　〔宋〕
董楷纂集　清通志堂刻本　全11册
26.3cm×16.4cm　版框19.2cm×15cm
十一行　十八字　白口　左右雙邊　單
順黑魚尾

索書號：經162　排架號：26-2-1
學易記九卷　〔元〕李簡撰　清通志堂
刻本　全5册　26.3cm×16.4cm　版框
19.5cm×15cm　十一行　十九字　白口
左右雙邊　單順黑魚尾

索書號：經163　排架號：26-2-2

讀易私言一卷附大易集說十卷 〔元〕
許衡撰　清通志堂刻本　全6冊
26.3cm×16.4cm　版框19.2cm×14.9cm
十一行　十九字　白口　左右雙邊
單順黑魚尾

索書號：經164　排架號：26-2-2

易本義附錄纂注十五卷啓蒙翼傳三篇外篇一篇　〔元〕胡一桂纂注　清通志堂刻本　全6冊　26.3cm×16.4cm　版框19.3cm×15cm　十一行　字數不等　白口　左右雙邊　單順黑魚尾

索書號：經165　排架號：26-2-3

周易本義通釋十二卷附雲峯文集易義一卷
〔元〕胡炳文撰　清通志堂刻本　全4冊
26.3cm×16.4cm　版框19.2cm×14.8cm
十一行　十九字　白口　左右雙邊　單順黑魚尾

索書號：經166　排架號：26-2-3

易纂言十三卷首一卷　〔元〕吳澄撰
清通志堂刻本　全2冊　26.3cm×16.4cm
版框19.4cm×15cm　十一行　字數不等
白口　左右雙邊　單順黑魚尾

索書號：經167　排架號：26-2-3

周易本義集成十二卷　〔元〕熊良輔編
清通志堂刻本　全3冊　26.3cm×16.4cm
版框19.5cm×15cm　十一行　五十八字
白口　左右雙邊　單順黑魚尾

索書號：經168　排架號：26-2-3

周易會通十四卷附錄纂注朱子啓蒙五贊
〔元〕董真卿編集　清通志堂刻本　全8冊　26.3cm×16.4cm　版框19.2cm×15cm　十一行　六十字　白口　左右雙邊　單順黑魚尾

索書號：經169　排架號：26-2-4

易圖通變五卷附易象圖說三卷　〔宋〕
雷思齊學　清通志堂刻本　全1冊
26.3cm×16.4cm　版框19.4cm×15cm
十一行　二十字　白口　左右雙邊
單順黑魚尾

索書號：經170　排架號：26-2-4

易象圖說三卷附象數鈎深圖三卷　〔元〕
張理述　清通志堂刻本　全1冊
26.3cm×16.4cm　版框19.4cm×14.8cm
十一行　十九字　白口　左右雙邊　單順黑魚尾

索書號：經171　排架號：26-2-4

易參義十二卷　〔明〕梁寅參義　清通志堂刻本　全4冊　26.3cm×16.4cm
版框19.2cm×15cm　十一行　十九字
白口　左右雙邊　單順黑魚尾

索書號：經172　排架號：26-2-4

易圖說一卷　〔宋〕吳仁傑撰　清通志堂刻本　全1冊　26.3cm×16.4cm
版框19.2cm×15cm　十一行　二十字
白口　左右雙邊　單順黑魚尾

索書號：經173　排架號：26-2-4

易集義粹言□□卷　〔清〕納蘭成德撰
清通志堂刻本　全19冊　26.3cm×16.4cm
版框19.1cm×14.9cm　十三行　二十二字　白口　左右雙邊　雙順黑魚尾

索書號：經174　排架號：26-2-5
書古文訓十六卷　〔宋〕薛季宣撰　清通志堂刻本　全4冊　26.1cm×16.5cm
版框19.5cm×15cm　十一行　十九字　白口　左右雙邊　單順黑魚尾

索書號：經253　排架號：16-1-2
皇清經解易經一百四十卷　〔清〕阮元編
清光緒十六年（1890）船山書局藏版刻本　全38冊　21.7cm×12.8cm　版框15.2cm×10.2cm　十一行　字數不等　白口　左右雙邊　單順黑魚尾

索書號：經282　排架號：16-4-3
御纂性理精義十二卷　〔清〕李光地纂
清康熙芥子園刻本　存5冊（卷一至八卷十一至十二）總冊數不詳
18.2cm×11.2cm　版框12.6cm×9.6cm
八行　字數不等　白口　四周單邊　單順黑魚尾

索書號：經323　排架號：15-1-3
新刻來瞿唐先生易注十二卷〔明〕來知德撰　清刻本　不分冊　25.8cm×16.6cm
版框19.8cm×14cm　九行　二十一字
白口　四周單邊　單順黑魚尾

書類

索書號：經84　排架號：27-4-2
相臺五經尚書十三卷　〔漢〕孔安國傳
清刻本　全3冊　26cm×15.6cm　版框19.9cm×13.7cm　八行　字數不等　白口
四周雙邊　雙對黑魚尾

索書號：經175　排架號：26-3-1
尚書全解四十卷　〔宋〕林之奇撰　清通志堂刻本　全14冊　26.2cm×16.5cm
版框19.3cm×15cm　十一行　十九字
白口　左右雙邊　單順花魚尾

索書號：經176　排架號：26-3-2
禹貢論四卷　〔宋〕程大昌撰　清通志堂刻本　全2冊　26.2cm×16.5cm
版框19cm×15cm　十一行　二十字
白口　左右雙邊　單順黑魚尾

索書號：經177　排架號：26-3-2
尚書說七卷　〔宋〕黃度著　清通志堂刻本　全2冊　26.3cm×16.3cm　版框19.5cm×15cm　十一行　字數不等　白口
四周單邊　單順黑魚尾

索書號：經178　排架號：26-3-2
增修東萊書說三十五卷　〔宋〕呂祖謙撰
〔宋〕時瀾修定　清通志堂刻本　全6冊
26.3cm×16.3cm　版框19.4cm×15cm
十一行　十九字　白口　左右雙邊　單順黑魚尾

索書號：經179　排架號：26-3-2
書疑九卷　〔宋〕王柏著　清通志堂刻本
全1冊　26.3cm×16.3cm　版框
19.4cm×15cm　十一行　二十字　白口
左右雙邊　單順黑魚尾

索書號：經180　排架號：26-3-2
書集傳或問二卷　〔宋〕陳大猷撰　清
通志堂刻本　全1冊　26.3cm×16.3cm
版框19.4cm×15cm　十一行　十九字
白口　左右雙邊　單順黑魚尾

索書號：經181　排架號：26-3-2
傅氏禹貢集解二卷　〔宋〕傅寅撰　清
通志堂刻本　全2冊　26.3cm×16.3cm
版框19.5cm×15cm　十一行　十八字
白口　左右雙邊　單順黑魚尾

索書號：經182　排架號：26-3-3
尚書詳解十三卷　〔宋〕胡士行編　清
通志堂刻本　全2冊　26.3cm×16.3cm
版框19.8cm×15cm　十一行　字數不等
白口　左右雙邊　單順黑魚尾

索書號：經183　排架號：26-3-3
尚書表注二卷　〔宋〕金履祥表注　清
通志堂刻本　全1冊　26.3cm×16.3cm
版框16.3cm×12.1cm　十行　十八字
白口　左右雙邊　雙順黑魚尾

索書號：經184　排架號：26-3-3
尚書纂傳四十六卷　〔宋〕王天與纂類
〔宋〕彭應龍增校　清通志堂刻本　全
4冊　26.3cm×16.3cm　版框
20cm×14.3cm　十行　六十字　白口
左右雙邊　單順黑魚尾

索書號：經185　排架號：26-3-3
書傳輯錄纂注六卷　〔元〕董鼎輯纂
清通志堂刻本　全4冊　26.3cm×16.3cm
版框19.5cm×14.8cm　十一行　六十字
白口　左右雙邊　單順黑魚尾

索書號：經186　排架號：26-3-3
書纂言四卷　〔元〕吳澄纂言　清通志
堂刻本　全4冊　26.3cm×16.3cm
版框19.5cm×15cm　十一行　十九字
白口　左右雙邊　單順黑魚尾

索書號：經187　排架號：26-3-4
書蔡氏傳旁通六卷　〔元〕陳師凱撰
清通志堂刻本　全2冊　26.3cm×16.3cm
版框19.5cm×15cm　十一行　十九字
白口　左右雙邊　單順黑魚尾

索書號：經188　排架號：26-3-4
書集傳纂疏六卷　〔元〕陳櫟纂疏　清
通志堂刻本　全3冊　26.3cm×16.3cm
版框19.5cm×15cm　十一行　字數不等
白口　左右雙邊　單順黑魚尾

索書號：經189　排架號：26-3-4
尚書通考十卷　〔清〕黃鎮成編輯　清
通志堂刻本　全4冊　26.3cm×16.3cm
版框19.6cm×14.9cm　十一行　十九字
白口　左右雙邊　單順黑魚尾

索書號：經190　排架號：26-3-4
讀書管見二卷　〔元〕王充耘撰　**附定正洪範集説一卷**　〔元〕胡一中撰　清通志堂刻本　全1册　26.3cm×16.3cm　版框19.4cm×15cm　十一行　二十字　白口　左右雙邊　單順黑魚尾

索書號：經254　排架號：16-1-4
皇清經解書經一百五十九卷　〔清〕阮元編　清光緒十六年（1890）船山書局藏版刻本　存49册（卷一至九十二　卷一百二十四至一百五十九）共67册　21.7cm×12.7cm　版框14.5cm×10.1cm　十一行　二十三字　白口　左右雙邊　單順黑魚尾

索書號：經268　排架號：16-3-3
群籍各種二十二門一百二十卷　作者不詳　清光緒十六年（1890）船山書局藏版刻本　存47册（卷一至四十六　卷四十九至五十　卷五十三至七十　卷九十四至一百二十）共70册　21.7cm×12.7cm　版框14.9cm×10.2cm　十一行　二十三字　白口　左右雙邊　單順黑魚尾

索書號：經307　排架號：16-5-1
佩文齋書畫譜一百卷　〔清〕孫嶽頒撰　清光緒九年（1883）上海同文書局刻本　全2函16册　18.7cm×11.7cm　版框13.6cm×9.6cm　二十二行　四十二字　白口　左右雙邊　單順黑魚尾

索書號：經125　排架號：27-6-4

六藝綱目□□卷　〔元〕舒天民述　〔明〕趙宜中附注　清光緒十一年（1885）湘陰郭岵瞻堂刻本　存1册（卷上）總册數不詳　27cm×15.4cm　版框19.7cm×13.4cm　九行　二十字　白口　左右雙邊　單順黑魚尾

索書號：經289　排架號：16-4-4
博通便覽三十卷　未署撰者　清蘭州知不足齋藏版刻本　全3册　15cm×10.6cm　版框12cm×9.2cm　十三行　二十二字　白口　四周單邊　單順黑魚尾

索書號：經290　排架號：16-4-4
博通便覽續編□□卷　未署撰者　清刻本　存2册（卷七至三十）總册數不詳　15cm×10.7cm　版框11.5cm×9.2cm　十三行　二十二字　白口　四周單邊　單順黑魚尾

索書號：經298　排架號：16-4-6
經籍纂詁五卷　〔清〕阮元撰　清光緒十三年（1887）上海點石齋刻本　存10册，總册數不詳　15.2cm×9.2cm　版框13.5cm×8.2cm　二十行　四十字　白口　四周單邊　單順黑魚尾　册1殘損

詩類

索書號：經85　排架號：27-4-2
相臺五經詩經二十卷　〔漢〕鄭玄箋　清刻本　全6册　26cm×15.6cm

版框19.5cm×13.7cm　八行　字數不等
白口　四周雙邊　雙對黑魚尾

索書號：經89　排架號：27-4-4
相臺五經毛詩二十卷　〔漢〕鄭玄箋
清刻本　全6冊　26cm×15.5cm
版框20.3cm×13.5cm　八行　字數不等　白口　四周雙邊　雙對黑魚尾

索書號：經100　排架號：27-5-2
毛詩國風三十卷　〔漢〕鄭玄箋　清刻本
存3冊（卷六至三十）共4冊
25.5cm×15.2cm　版框21.1cm×13.5cm
九行　字數不等　白口　左右雙邊　單順黑魚尾

索書號：經101　排架號：27-5-2
毛詩注疏□□卷　〔漢〕鄭玄箋〔唐〕
孔穎達疏　清刻本　存1冊（卷二至三）
總冊數不詳　23.5cm×15.3cm　版框
17.2cm×12.6cm　十行　四十六字　粗黑口　左右雙邊　雙順黑魚尾

索書號：經102　排架號：27-5-2
詩經體注大全□□卷　〔清〕高朝瓔定
清刻本　存1冊（卷四至五）總冊數不詳
26cm×16.5cm　版框23.8cm×14.8cm
九行　五十字　白口　四周單邊

索書號：經119　排架號：27-5-5
詩經傳說彙纂二十一卷首二卷序二卷
〔清〕王鴻緒等撰　清雍正五年（1727）
刻本　全18冊　26.8cm×18.2cm　版

框22.1cm×16.2cm　八行　四十二字
白口　四周雙邊　單順黑魚尾

索書號：經127　排架號：27-6-5
欽定詩經傳說彙纂二十一卷首二卷詩序二卷　〔清〕王鴻緒撰　清光緒十六年（1890）雲南書局刻本　全23冊
26.5cm×17.5cm　版框22cm×16.1cm
八行　四十二字　白口　四周雙邊
單順黑魚尾

索書號：經191　排架號：26-3-4
毛詩指説一卷　〔唐〕成伯瑜述　附**毛詩本義十五卷**　〔宋〕歐陽修撰　**鄭氏詩譜一卷**　〔漢〕鄭玄撰〔宋〕歐陽修補
清通志堂刻本　全3冊　26.3cm×16.3cm
版框19cm×15cm　十行　二十字　白口
左右雙邊　單順黑魚尾

索書號：經192　排架號：26-3-5
毛詩集解四十二卷　〔宋〕李樗撰
〔宋〕黃櫄講義〔宋〕李泳校正〔宋〕
呂祖謙釋音　清通志堂刻本　存12冊
（卷一至三十一　卷三十六至四十二）
共14冊　26.3cm×16.3cm　版框
19.7cm×15cm　十一行　十九字　白口
左右雙邊　單順黑魚尾

索書號：經193　排架號：26-3-5
詩説一卷　〔宋〕張耒撰　附**詩疑二卷**
〔宋〕王栢著　**詩傳遺説六卷**　〔宋〕
朱鑑編　清通志堂刻本　全2冊
26.3cm×16.3cm　版框19.6cm×15.3cm

雲南省會澤縣圖書館館藏古籍目錄

十一行　十八字　白口　左右雙邊　雙順黑魚尾

索書號：經194　排架號：26-4-1

詩補傳三十卷　〔宋〕范處義撰　清通志堂刻本　全8冊　26.3cm×16.3cm　版框19.1cm×14.8cm　十一行　十九字　白口　左右雙邊　單順黑魚尾

索書號：經195　排架號：26-4-1

詩集傳名物鈔八卷　〔元〕許謙撰　清通志堂刻本　全4冊　26.3cm×16.3cm　版框19cm×15cm　十一行　十八字　白口　左右雙邊　單順黑魚尾

索書號：經196　排架號：26-4-1

詩經疑問七卷　〔元〕朱倬編　清通志堂刻本　全1冊　26.3cm×16.3cm　版框19.5cm×15cm　十一行　十九字　白口　左右雙邊　單順黑魚尾

索書號：經197　排架號：26-4-1

詩解頤四卷　〔明〕朱善撰　清通志堂刻本　全2冊　26.3cm×16.3cm　版框19.7cm×14.8cm　十一行　二十字　白口　左右雙邊　單順黑魚尾

索書號：經255　排架號：16-2-1

皇清經解詩經一百二十卷　〔清〕阮元編　清光緒十六年（1890）船山書局藏版刻本　全39冊　21.7cm×12.7cm　版框14.9cm×10.2cm　十一行　字數不等　白口　左右雙邊　單順黑魚尾

索書號：經279　排架號：16-4-2

增補詩經備旨精萃八卷　〔清〕鄒聖脈纂輯〔清〕鄒廷猷編次　清光緒京都善成堂刻本　存2冊（卷一至二　卷五至六）總冊數不詳　17.3cm×11cm　版框12.9cm×9.4cm　十一行　字數不等　白口　四周單邊　單順黑魚尾

索書號：經321　排架號：15-1-3

欽定詩經傳說彙纂□□卷　〔清〕王鴻緒編　清刻本　存1冊（卷十一）總冊數不詳　27.5cm×18.3cm　版框22.8cm×16.2cm　八行　四十二字　白口　四周雙邊　單順黑魚尾

禮類

索書號：經2　排架號：18-1-2

欽定禮記義疏八十二卷　〔清〕鄂爾泰等撰〔清〕乾隆欽定　清尊經閣刻本　全50冊　27cm×18.5cm　版框22.1cm×16.2cm　八行　二十一字　白口　四周雙邊　單順黑魚尾

索書號：經3　排架號：18-1-4

欽定周官義疏□□卷　〔清〕鄂爾泰等撰〔清〕乾隆欽定　清同治七年（1868）合肥李瀚章刻本　全24冊　26.8cm×18.4cm　版框21cm×16cm　八行　二十字　白口　四周雙邊　單順黑魚尾

索書號：經4　排架號：18-2-1

欽定儀禮義疏四十八卷首二卷 〔清〕
朱軾等纂 〔清〕乾隆欽定 清刻本
全36冊 27cm×18.5cm 版框
21.6cm×15.6cm 八行 二十一字
白口 四周雙邊 單順黑魚尾

索書號：經10 排架號：18-3-2

周禮注疏□□卷 〔漢〕鄭玄注〔唐〕
賈公彥疏 清刻本 存6冊（卷一至
二十二）總冊數不詳 25cm×15.6cm
版框18cm×12.7cm 九行 四十字
白口 左右雙邊

索書號：經11 排架號：18-3-3

儀禮注疏□□卷 〔漢〕鄭玄注〔唐〕
賈公彥疏 清刻本 存6冊（卷一至
十七）總冊數不詳 24.7cm×15.6cm
版框18cm×12.6cm 九行 四十字
白口 左右雙邊

索書號：經12 排架號：18-3-3

禮記體注大全四卷 〔清〕周旦林纂訂
清康熙五十年（1711）刻本 全3冊
27cm×16cm 版框20cm×13.8cm
八行 字數不等 白口 四周單邊 單
順黑魚尾

索書號：經13 排架號：18-3-3

禮記讀本□□卷 〔清〕周樽輯 清乾
隆五十八年（1793）留餘堂藏版刻本
存4冊（卷一至六）總冊數不詳
25.1cm×17.7cm 版框19.6cm×15.5cm
十七行 二十二字 白口 四周單邊
單順黑魚尾

索書號：經14 排架號：18-3-3

儀禮讀本□□卷 〔清〕周樽輯 清乾
隆五十八年（1793）留餘堂藏版刻本
存4冊（卷一至十七）總冊數不詳
25cm×17.5cm 版框19.2cm×15.5cm
十七行 二十二字 白口 四周單邊
單順黑魚尾

索書號：經26 排架號：18-5-2

全本禮記體注四十九卷 〔清〕徐敬軒
纂輯 清刻本 全10冊 27cm×16.2cm
版框23.5cm×14.2cm 十行 三十五字
白口 左右雙邊

索書號：經29 排架號：18-5-2

鐘鼎彝器款識十卷 〔清〕阮元編錄
清嘉慶九年（1804）刻本 全4冊
26.1cm×15.5cm 版框19.2cm×12.2cm
十行 字數不等 白口 四周單邊 單
順黑魚尾

索書號：經30 排架號：18-5-2

鐘鼎彝器款識二十卷 〔清〕阮元編錄
清嘉慶二年（1797）刻本 全4冊
25.7cm×16.1cm 版框19.4cm×14.1cm
十一行 二十字 白口 四周單邊

索書號：經36 排架號：18-5-4

周禮注疏四十二卷 〔漢〕鄭玄注〔唐〕
賈公彥疏 清嘉慶二十年（1815）江西
南昌府學刻本 全20冊，總冊數不詳

23.5cm×15.3cm　版框 17.3cm×12.9cm　十行　四十六字　粗黑口　雙順黑魚尾

索書號：經 37　排架號：18-5-5
儀禮注疏□□卷　〔漢〕鄭玄注〔唐〕賈公彥疏　清嘉慶二十年（1815）江西南昌府學刻本　全 18 冊　23.5cm×15.2cm　版框 17.5cm×12.9cm　十行　四十六字　粗黑口　雙順黑魚尾

索書號：經 38　排架號：18-6-1
禮記正義六十三卷　〔漢〕鄭玄注〔唐〕孔穎達疏　清嘉慶二十年（1815）江西南昌府學刻本　全 24 冊　23.5cm×14.3cm　版框 17.2cm×12.8cm　十行　四十六字　粗黑口　雙順黑魚尾　冊 1、冊 18 封面殘損

索書號：經 50　排架號：27-1-2
周禮注疏四十二卷　〔漢〕鄭玄注〔唐〕賈公彥疏〔唐〕陸德明音義　清刻本　存 13 冊（卷一至十八　卷二十二至四十二）總冊數不詳　26.1cm×17cm　版框 22.3cm×15.3cm　十行　四十二字　白口　四周單邊　單順黑魚尾　冊 4、冊 12 封底殘損

索書號：經 51　排架號：27-1-3
儀禮注疏十七卷　〔漢〕鄭玄注〔唐〕賈公彥疏〔唐〕陸德明音義　清刻本　全 10 冊　26cm×17cm　版框 21.7cm×15.3cm　十行　四十二字　白口　左右雙邊　單順黑魚尾　冊 4、冊 7 殘損

索書號：經 52　排架號：27-1-3
禮記注疏六十三卷　〔漢〕鄭玄注〔唐〕孔穎達疏〔唐〕陸德明音義　清刻本　存 18 冊（卷一至四十七　卷五十四至六十三）共 20 冊　26cm×17cm　版框 21.9cm×15.3cm　十行　四十二字　白口　四周單邊　單順黑魚尾　冊 13 封底殘損

索書號：經 78　排架號：27-3-1
五禮通考吉禮一百二十七卷首四卷　〔清〕秦蕙田編輯　清光緒二十二年（1896）新化三味堂刻本　全 66 冊　16cm×17.2cm　版框 18.7cm×15.2cm　十三行　二十字　白口　左右雙邊　單順黑魚尾　冊 11 封底殘損

索書號：經 79　排架號：27-3-3
五禮通考嘉禮九十二卷　〔清〕秦蕙田編輯　清刻本　存 50 冊，共 51 冊　26cm×17.2cm　版框 19.3cm×15.2cm　十三行　二十一字　白口　左右雙邊　單順黑魚尾　冊 75 封面殘損，冊 71 殘損

索書號：經 80　排架號：27-4-1
五禮通考賓禮十三卷　〔清〕秦蕙田編輯〔清〕錢大昕校　清刻本　存 2 冊，總冊數不詳　26.5cm×17.2cm　版框 19cm×15cm　十三行　字數不等　白口　左右雙邊　單順黑魚尾

索書號：經 81　排架號：27-4-1
五禮通考軍禮十三卷　〔清〕秦蕙田編

輯〔清〕王鳴盛校　清刻本　全8冊
26.5cm×17.2cm　版框 19cm×15.1cm
十三行　二十一字　白口　左右雙邊
單順黑魚尾

索書號：經82　排架號：27-4-2
五禮通考凶禮十七卷　〔清〕秦蕙田編
輯〔清〕錢大昕校　清刻本　全9冊
26.5cm×17.2cm　版框 19.1cm×15.3cm
十三行　二十一字　白口　左右雙邊
單順黑魚尾

索書號：經87　排架號：27-4-4
相臺五經禮記二十卷　〔漢〕鄭玄注
清刻本　全10冊　26cm×15.6cm
版框 19.8cm×13.5cm　八行　字數
不等　白口　四周雙邊　雙對黑魚尾

索書號：經92　排架號：27-4-5
相臺五經禮記□□卷　〔漢〕鄭玄注
清刻本　存9冊（卷三至二十）總冊
數不詳　26cm×15.7cm　版框
20.1cm×13.5cm　八行　字數不等
白口　四周雙邊　雙對黑魚尾

索書號：經98　排架號：27-5-1
禮記易讀四卷　〔清〕志遠堂主人輯
清同治十三年（1874）治國堂刻本
全4冊　24.5cm×15.5cm　版框
21.5cm×14cm　七行　字數不等
白口　左右雙邊　單順黑魚尾

索書號：經109　排架號：27-5-3
周禮精華六卷　〔清〕陳龍標編輯　清
光緒六年（1880）雲南書局刻本　存6冊，
總冊數不詳　27cm×17.2cm　版框
19.3cm×14.5cm　八行　三十八字
白口　四周雙邊　單順黑魚尾

索書號：經111　排架號：27-5-3
儀禮纂要不分卷　〔清〕黄元善訂　清
光緒二十年（1894）傳經書屋藏本刻本
全2冊　27.5cm×17.4cm　版框
23cm×14.5cm　七行　字數不等　白口
四周單邊　單順黑魚尾

索書號：經117　排架號：27-5-4
禮記十卷　〔元〕陳澔集說　清光緒五
年（1879）雲南書局刻本　存7冊（卷一
卷四　卷六至十）共10冊
27.5cm×17cm　版框 20.5cm×14.6cm
九行　三十四字　白口　左右雙邊

索書號：經128　排架號：17-1-1
欽定儀禮義疏四十八卷首二卷　〔清〕
乾隆定　清光緒十六年（1890）雲南
書局刻本　全50冊　27cm×17.7cm
版框 21.5cm×16cm　八行　二十一字
白口　四周雙邊　單順黑魚尾

索書號：經129　排架號：17-1-3
欽定禮記義疏八十二卷首一卷　〔清〕
乾隆定　清光緒十六年（1890）雲南
書局刻本　全80冊　26.5cm×17.6cm
版框 21.6cm×16.3cm　八行　二十一字
白口　四周雙邊　單順黑魚尾

全16册　25.8cm×15.7cm　版框19.5cm×13.5cm　九行　字数不等　白口　左右双边　单顺黑鱼尾

春秋类

索书号：经1　排架号：18-1-1
钦定春秋传说汇纂三十八卷首二卷
〔清〕王掞撰〔清〕张廷玉撰　清康熙六十年（1721）刻本　全24册　26.8cm×18.4cm　版框22.3cm×16.2cm　十一行　二十二字　白口　四周双边　单顺黑鱼尾

索书号：经39　排架号：18-6-2
春秋左传注疏六十卷　〔周〕左丘明传〔晋〕杜预注〔唐〕孔颖达疏〔唐〕陆德明音义　清嘉庆二十年（1815）江西南昌府学刻本　全27册　23cm×15.2cm　版框17cm×12.8cm　十行　四十六字　粗黑口　左右双边　双顺黑鱼尾

索书号：经40　排架号：18-6-3
公羊注疏二十八卷　〔唐〕徐彦疏　清嘉庆二十年（1815）江西南昌府学刻本　全10册　22.8cm×15.4cm　版框17cm×12.8cm　十行　四十六字　粗黑口　左右双边　双顺黑鱼尾

索书号：经41　排架号：18-6-3
谷梁注疏二十卷　〔晋〕范宁集解〔唐〕杨士勋疏　清刻本　全6册　22.8cm×15.4cm　版框17cm×12.8cm　十行　四十六字　粗黑口　左右双边　双顺黑鱼尾

索书号：经53　排架号：27-1-5
春秋左传注疏六十卷　〔晋〕杜预注〔唐〕孔颖达疏〔唐〕陆德明音义　清刻本　全20册　26cm×17cm　版框21.8cm×15.3cm　十行　四十字　白口　四周单边　单顺黑鱼尾

索书号：经54　排架号：27-2-1
春秋公羊传注疏二十八卷　〔汉〕何休学〔唐〕陆德明音义　清刻本　全8册　25cm×17cm　版框21.7cm×15.3cm　十行　四十字　白口　四周单边　单顺黑鱼尾

索书号：经55　排架号：27-2-2
春秋穀梁传注疏二十卷　〔晋〕范宁集解〔唐〕陆德明音义〔唐〕杨士勋疏　清刻本　全6册　25.7cm×16.9cm　版框21.6cm×15.5cm　十行　四十二字　白口　四周单边　单顺黑鱼尾　册3封面残损

索书号：经60　排架号：27-2-3
春秋繁露□□卷附崇文总目　〔汉〕董仲舒撰　清刻本　存2册（卷六至十七）总册数不详　26.6cm×15.7cm　版框18.4cm×13.7cm　十行　二十一字　白口　左右双边　单顺黑鱼尾

索书号：经61　排架号：27-2-3

春秋釋例十五卷 〔晉〕杜預撰 清武英殿聚珍版刻本 全7冊 26.5cm×15.7cm 版框18cm×14cm 十行 二十一字 白口 左右雙邊 單順黑魚尾

索書號：經62 排架號：27-2-4

春秋集傳纂例十卷 〔唐〕陸淳纂 清嘉興錢氏經苑本刻本 全3冊 26.7cm×15.7cm 版框18cm×13.7cm 十行 二十一字 白口 左右雙邊 單順黑魚尾 冊1封底殘損

索書號：經63 排架號：27-2-4

春秋微旨三卷 〔唐〕陸淳撰 清嘉興錢氏經苑本刻本 全1冊 26.7cm×15.7cm 版框18cm×14cm 十行 二十一字 白口 左右雙邊 單順黑魚尾

索書號：經64 排架號：27-2-4

春秋集傳辯疑十卷 〔唐〕陸淳纂 清錢塘龔氏王玲瓏閣刻本 全2冊 26.7cm×15.7cm 版框18.2cm×14cm 十行 二十一字 白口 左右雙邊單順黑魚尾

索書號：經86 排架號：27-4-3

相臺五經春秋三十卷 〔晉〕杜預注 清刻本 全16冊 26cm×15.6cm 版框19.5cm×13.7cm 八行 字數不等 白口 四周雙邊 雙對黑魚尾 冊13封底殘損

索書號：經91 排架號：27-4-5

相臺五經春秋□□卷歸一圖二卷 〔晉〕杜預注 清刻本 存13冊（卷一至十 卷十三至十四 卷十七至二十八）總冊數不詳 26cm×15.7cm 版框19.3cm×13.7cm 八行 字數不等 白口 四周雙邊 雙對黑魚尾

索書號：經104 排架號：27-5-2

春秋旁訓□□卷 作者不詳 清嘉慶二年（1797）大經堂藏版刻本 存2冊（卷一至四）總冊數不詳 25.7cm×15.7cm 版框20.4cm×14.3cm 七行 字數不等 白口 四周單邊 單順黑魚尾

索書號：經105 排架號：27-5-2

春秋左傳綱目五卷 未署撰者 清刻本 存3冊（卷三至五）共5冊 24.5cm×15.7cm 版框19.7cm×14.1cm 十行 字數不等 白口 左右雙邊 單順黑魚尾

索書號：經106 排架號：27-5-2

穀梁傳初學讀本□□卷 未署撰者 清劍州衛閑道友于重刊本 存2冊，總冊數不詳 25.2cm×17.1cm 版框20.7cm×14.5cm 十行 十九字 細黑口 四周雙邊 雙順黑魚尾

索書號：經114 排架號：27-5-3

春秋公羊傳二十三卷 〔漢〕何休學 〔唐〕陸德明音義 清光緒星沙文昌書局刻本 全8冊 25.8cm×16cm 版框

19.4cm×14.1cm　九行　三十四字
白口　左右雙邊　單順黑魚尾

索書號：經131　排架號：17-2-3
欽定春秋傳説彙纂三十八卷首二卷
〔清〕王掞撰　清光緒十六年（1890）雲南書局刻本　全26册　26.7cm×17.6cm
版框22.2cm×15.9cm　八行　四十二字
白口　四周雙邊　單順黑魚尾

索書號：經198　排架號：26-4-1
春秋尊王發微十二卷　〔宋〕孫復撰
清通志堂刻本　全1册　26.3cm×16.3cm
版框19.5cm×15cm　十一行　十九字
白口　左右雙邊　單順黑魚尾

索書號：經199　排架號：26-4-1
春秋皇綱論五卷　〔宋〕王晢撰　清通志堂刻本　全1册　26.3cm×16.3cm
版框19cm×15cm　十行　二十字　白口
左右雙邊　單順黑魚尾

索書號：經200　排架號：26-4-1
春秋劉氏傳十五卷　〔宋〕劉敞撰　清通志堂刻本　全2册　26.3cm×16.3cm
版框19.5cm×15cm　十一行　二十字
白口　左右雙邊　單順黑魚尾

索書號：經201　排架號：26-4-2
春秋權衡十七卷　〔宋〕劉敞撰　清通志堂刻本　全3册　26.3cm×16.3cm
版框19.2cm×14.9cm　十一行　二十字
白口　左右雙邊　單順黑魚尾

索書號：經202　排架號：26-4-2
劉氏春秋意林二卷　〔宋〕劉敞撰　清通志堂刻本　全1册　26.3cm×16.3cm
版框19.5cm×15cm　十一行　二十字
白口　左右雙邊　單順黑魚尾

索書號：經203　排架號：26-4-2
春秋名號歸一圖二卷　〔後蜀〕馮繼先撰
〔宋〕嶽珂重編　清通志堂刻本　全1册
26.3cm×16.3cm　版框18.5cm×14.5cm
十行　字數不等　白口　左右雙邊　單順黑魚尾

索書號：經204　排架號：26-4-2
春秋臣傳三十卷　〔宋〕王當撰　清通志堂刻本　全3册　26.3cm×16.3cm
版框18.7cm×15cm　十一行　二十字
白口　左右雙邊　單順黑魚尾

索書號：經205　排架號：26-4-2
春秋本例二十卷　〔宋〕崔子方撰　清通志堂刻本　全2册　26.3cm×16.3cm
版框18.8cm×15cm　十一行　字數不等
白口　左右雙邊　單順黑魚尾　册15封面殘損

索書號：經206　排架號：26-4-2
春秋經筌十六卷　〔宋〕趙鵬飛撰　清通志堂刻本　存6册（卷一至七　卷十至十六）共7册　26.3cm×16.3cm
版框19.5cm×15cm　十一行　二十字
白口　左右雙邊　單順黑魚尾

雲南省會澤縣圖書館館藏古籍目錄

索書號：經207　排架號：26-4-3
葉氏春秋傳二十卷　〔宋〕葉夢得撰
清通志堂刻本　全4冊　26.3cm×16.3cm
版框19.4cm×15cm　十一行　二十字
白口　四周單邊　單順黑魚尾

索書號：經208　排架號：26-4-3
陳氏春秋後傳十二卷　〔宋〕陳傅良撰
清通志堂刻本　全2冊　26.3cm×16.3cm
版框19.4cm×15cm　十一行　二十字
白口　左右雙邊　單順黑魚尾

索書號：經209　排架號：26-4-3
春秋集解三十卷　〔宋〕呂祖謙撰　清
通志堂刻本　全10冊　26.3cm×16.3cm
版框18.2cm×14.5cm　十行　二十一字
白口　左右雙邊　單順黑魚尾

索書號：經210　排架號：26-4-4
左氏傳說二十卷　〔宋〕呂祖謙撰　清
通志堂刻本　全2冊　26.3cm×16.3cm
版框19.5cm×15cm　十一行　二十字
白口　四周單邊　單順黑魚尾

索書號：經211　排架號：26-4-4
春秋左傳事類五卷　〔宋〕章沖撰　清
通志堂刻本　全3冊　26.3cm×16.3cm
版框19.2cm×15cm　十三行　二十三字
白口　左右雙邊　雙順黑魚尾

索書號：經212　排架號：26-4-4
春秋列國世紀三卷　〔宋〕李琪撰　清
通志堂刻本　全1冊　26.3cm×16.3cm
版框19.3cm×15cm　十三行　二十三字
白口　左右雙邊　雙順黑魚尾

索書號：經213　排架號：26-4-4
春秋通說十三卷　〔宋〕黃仲炎撰　清
通志堂刻本　全3冊　26.3cm×16.3cm
版框19.2cm×15cm　十一行　二十字
白口　左右雙邊　單順黑魚尾

索書號：經214　排架號：26-4-4
春秋張氏集注十一卷　〔宋〕張洽撰
清通志堂刻本　全2冊　26.3cm×16.3cm
版框19.5cm×15cm　十一行　字數
不等　白口　左右雙邊　單順黑魚尾

索書號：經215　排架號：26-4-4
呂氏春秋或問二十卷附春秋五論　〔宋〕
呂大圭述　清通志堂刻本　全4冊
26.3cm×16.3cm　版框19.5cm×14.8cm
十行　二十字　白口　左右雙邊　單順
黑魚尾

索書號：經216　排架號：26-4-5
春秋詳說三十卷　〔宋〕家鉉翁撰〔清〕
冉覲祖　清通志堂刻本　存5冊（卷一
至二　卷十五至三十）共8冊
26.3cm×16.3cm　版框18.7cm×15cm
十一行　十九字　白口　左右雙邊　單
順黑魚尾

索書號：經217　排架號：26-4-5
春秋類對賦一卷　〔宋〕徐晉卿撰　附
春秋諸國統紀六卷　〔元〕齊履謙撰

雲南省會澤縣圖書館館藏古籍目錄

雲南省會澤縣圖書館館藏古籍目錄

清通志堂刻本　全1冊　26.3cm×16.3cm
版框19.6cm×15cm　十一行　二十字
白口　左右雙邊　單順黑魚尾

索書號：經218　排架號：26-4-5
春秋本義三十卷　〔元〕程端學撰　清通志堂刻本　全8冊　26.3cm×16.3cm
版框19.5cm×15cm　十一行　十九字
白口　四周單邊　單順黑魚尾　冊8殘損

索書號：經219　排架號：26-5-1
程氏春秋或問十卷　〔元〕程端學撰
清通志堂刻本　全3冊　26.3cm×16.3cm
版框19.3cm×15cm　十一行　二十字
白口　左右雙邊　單順黑魚尾

索書號：經220　排架號：26-5-1
趙氏春秋集傳十五卷　〔元〕趙汸撰
清通志堂刻本　全4冊　26.3cm×16.3cm
版框19.9cm×15cm　十一行　二十字
白口　左右雙邊　單順黑魚尾

索書號：經221　排架號：26-5-1
春秋屬辭十五卷　〔元〕趙汸撰　清通志堂刻本　全5冊　26.3cm×16.3cm
版框19.5cm×15cm　十一行　二十字
白口　左右雙邊　單順黑魚尾　冊4封底殘損

索書號：經222　排架號：26-5-1
春秋師說三卷　〔元〕趙汸撰　清通志堂刻本　全1冊　26.3cm×16.3cm
版框19.2cm×15cm　十一行　十九字
白口　四周單邊　單順黑魚尾

索書號：經223　排架號：26-5-1
春秋左氏傳補注十卷　〔元〕趙汸撰
清通志堂刻本　全1冊　26.3cm×16.3cm
版框19.5cm×15cm　十一行　字數不等
白口　左右雙邊　單順黑魚尾

索書號：經224　排架號：26-5-2
春秋會通二十四卷　〔元〕李廉輯　清通志堂刻本　全5冊　26.3cm×16.3cm
版框19cm×15cm　十一行　二十字
白口　左右雙邊　單順黑魚尾

索書號：經225　排架號：26-5-2
春秋集傳釋義大成十二卷　〔宋〕俞皋述
清通志堂刻本　存2冊，共4冊
26.3cm×16.3cm　版框19.5cm×15cm
十一行　六十字　白口　左右雙邊　單順黑魚尾

索書號：經226　排架號：26-5-2
讀春秋編十二卷　〔宋〕陳深撰　清通志堂刻本　全2冊　26.3cm×16.3cm
版框19.7cm×14.7cm　十一行　二十字
白口　左右雙邊　單順黑魚尾

索書號：經227　排架號：26-5-2
春秋春王正月考二卷　〔宋〕張以寧撰
清通志堂刻本　全1冊　26.3cm×16.3cm
版框19.3cm×15cm　十一行　二十字
白口　左右雙邊　單順黑魚尾

索書號：經260　排架號：16-2-4
皇清經解春秋一百一十卷　〔清〕阮元編
清光緒十六年（1890）船山書局藏版刻本　存28冊（卷一至九十三　卷一百零八至一百一十）共34冊
21.7cm×12.7cm　版框14.8cm×10.1cm
十一行　二十三字　白口　左右雙邊　單順黑魚尾

索書號：經261　排架號：16-2-5
皇清經解左傳　卷數不詳　〔清〕阮元編　清光緒十六年（1890）船山書局藏版刻本　存3冊，總冊數不詳
21.7cm×12.7cm　版框14.8cm×10.1cm
十一行　二十三字　白口　左右雙邊　單順黑魚尾

索書號：經262　排架號：16-2-5
皇清經解公羊傳二十八卷　〔清〕阮元編
清光緒十六年（1890）船山書局藏版刻本
全10冊　21.7cm×12.7cm　版框14.8cm×10.3cm　十一行　四十六字　白口　左右雙邊　單順黑魚尾

索書號：經263　排架號：16-3-1
皇清經解穀梁解六卷　〔清〕阮元編
清光緒十六年（1890）船山書局藏版刻本
全2冊　21.7cm×12.7cm　版框15cm×10.2cm　十一行　二十三字
白口　左右雙邊　單順黑魚尾

索書號：經281　排架號：16-4-3
春秋備旨十二卷　〔清〕鄒聖脈輯〔清〕

鄒可庭編次　清末刻本　存4冊（卷一至二　卷九至十二）總冊數不詳
17.3cm×11cm　版框13cm×9.5cm
十一行　字數不等　白口　四周單邊　單順黑魚尾

索書號：經299　排架號：16-4-6
春秋左傳注疏并校勘記十二卷　〔唐〕孔穎達撰　清光緒十三年（1887）點石齋刻本　全5冊　19.7cm×12.8cm
版框15.5cm×10.7cm　二十行　七十六字　白口　四周雙邊　單順黑魚尾

索書號：經301　排架號：16-5-1
春秋公羊傳注疏并校勘記四卷　〔戰國〕公羊高撰〔漢〕何休注〔唐〕徐彥疏〔唐〕陸德明音義　清光緒十三年（1887）點石齋刻本　全2冊　19.7cm×12.8cm
版框15.2cm×11cm　二十行　九十二字
白口　四周雙邊　單順黑魚尾

索書號：經302　排架號：16-5-1
春秋穀梁傳注疏并校勘記四卷　〔晉〕范寧集解〔唐〕楊士勛疏　清光緒十三年（1887）點石齋刻本　全1冊
19.7cm×12.8cm　版框15.2cm×10.9cm
二十行　九十二字　白口　四周雙邊　單順黑魚尾

孝經類

索書號：經43　排架號：18-6-3
孝經注疏九卷　〔唐〕唐玄宗注〔宋〕

邢昺疏　清嘉慶二十年（1815）江西南昌府學刻本　全2冊　22.8cm×15.4cm　版框17cm×13cm　十行　四十六字　粗黑口　左右雙邊　雙順黑魚尾

索書號：經57　排架號：27-2-2
孝經注疏九卷　〔唐〕唐玄宗注〔唐〕陸德明音義〔宋〕邢昺校　清刻本　全1冊　26cm×17cm　版框21.8cm×14.9cm　十行　四十字　白口　左右雙邊　單順黑魚尾

索書號：經103　排架號：27-5-2
經典釋文□□卷　〔唐〕陸德明撰　清刻本　存5冊（卷十七至二十三　卷二十九）總冊數不詳　25cm×16cm　版框19.3cm×14.5cm　十一行　字數不等　細黑口　四周單邊　雙對黑魚尾

索書號：經134　排架號：26-1-1
經典釋文三十卷　〔唐〕陸德明撰〔清〕納蘭成德校訂　清通志堂刻本　全8冊　26.1cm×16.4cm　版框18.6cm×15.2cm　十一行　字數不等　白口　左右雙邊　雙順花魚尾

索書號：經239　排架號：26-6-3
孝經指解四卷　〔唐〕唐玄宗注〔宋〕司馬光撰　清通志堂刻本　全1冊　26.1cm×16.4cm　版框18.5cm×15cm　十行　字數不等　白口　左右雙邊　單順黑魚尾

索書號：經265　排架號：16-3-1
皇清經解孝經三卷　〔清〕阮元編　清光緒十六年（1890）船山書局藏版刻本　全1冊　21.7cm×12.7cm　版框14.7cm×10.2cm　十一行　二十四字　白口　左右雙邊　單順黑魚尾

索書號：經303　排架號：16-5-1
論語孝經注疏并校勘記六卷　〔魏〕何晏集解〔宋〕邢昺疏　清光緒十三年（1887）點石齋刻本　全1冊　19.7cm×12.8cm　版框15.6cm×10.9cm　二十行　九十二字　白口　四周雙邊　單順黑魚尾

四書類

索書號：經19　排架號：18-4-1
四書集注一函　〔宋〕朱熹撰　清刻本　全1函28冊　25cm×16cm　版框19.8cm×14.2cm　九行　十六字　白口　左右雙邊　單順黑魚尾

索書號：經20　排架號：18-4-1
四書疏注□□卷　未署撰者　清刻本　存19冊（中庸卷一至三　論語卷一至八　卷十一至十四　卷十七至二十　孟子卷二至十　卷十二）總冊數不詳　24.6cm×15.9cm　版框18.5cm×12.3cm　九行　七十字　白口　四周單邊　單順黑魚尾

索書號：經25　排架號：18-4-4

四書大全□□卷 〔清〕孫見龍纂輯〔清〕宮爾勸參訂 清乾隆三十三年（1768）五華書院藏版刻本 全28冊 26.2cm×17cm 版框20.9cm×15cm 九行 四十八字 白口 四周雙邊 單順黑魚尾

索書號：經28 排架號：18-5-2
四書明辨錄六卷 〔清〕方苞輯 清乾隆五十年（1785）立本堂刻本 存4冊（卷一 卷二 卷四 卷六）總冊數不詳 24.7cm×16cm 版框22.2cm×13.4cm 十一行 三十六字 白口 四周單邊 單順黑魚尾

索書號：經42 排架號：18-6-3
論語注疏二十卷 〔魏〕何晏集解〔宋〕邢昺疏 清嘉慶二十年（1815）江西南昌府學刻本 全6冊 22.8cm×15.4cm 版框16.8cm×12.9cm 十行 四十六字 粗黑口 左右雙邊 雙順黑魚尾

索書號：經45 排架號：18-6-4
孟子注疏十四卷 〔漢〕趙岐注〔宋〕孫奭疏音義 清嘉慶二十年（1815）江西南昌府學刻本 全6冊 22.7cm×15.4cm 版框16.7cm×13.1cm 十行 四十六字 粗黑口 左右雙邊 雙順黑魚尾

索書號：經56 排架號：27-2-2
論語注疏二十卷 〔魏〕何晏集解〔唐〕陸德明音義〔宋〕邢昺疏 清刻本 全4冊 26cm×17cm 版框22cm×15cm 十行 四十字 白口 左右雙邊 單順黑魚尾 冊2封底殘損

索書號：經59 排架號：27-2-3
孟子注疏十四卷 〔漢〕趙岐注〔宋〕孫奭音義 清刻本 全6冊 26cm×17cm 版框21.7cm×15.3cm 十行 四十字 白口 左右雙邊 單順黑魚尾

索書號：經65 排架號：27-2-4
論語義疏十卷 〔魏〕何晏集解〔梁〕皇侃義疏 清新安鮑氏知不足齋本刻本 全4冊 26.6cm×15.7cm 版框18.1cm×13.7cm 十行 四十字 白口 左右雙邊 單順黑魚尾

索書號：經66 排架號：27-2-4
論語筆解三卷 〔唐〕韓愈注〔唐〕李翱注 清南匯吳氏藝海珠塵本刻本 全1冊 26.6cm×15.7cm 版框18cm×13.7cm 十行 二十一字 白口 左右雙邊 單順黑魚尾

索書號：經95 排架號：27-5-1
四書反身錄十卷 〔清〕李顒撰 清刻本 全2冊 25.9cm×15.2cm 版框15.6cm×9.5cm 九行 二十一字 白口 四周雙邊 單順黑魚尾

索書號：經99 排架號：27-5-1
論語注疏解經二十卷 〔魏〕何晏注

〔宋〕邢昺疏　清嘉慶二十年（1815）刻本　全5冊　25.7cm×15.2cm　版框17cm×13cm　十行　四十六字　粗黑口　左右雙邊　雙順黑魚尾

索書號：經112　排架號：27-5-3
中庸注不分卷　〔清〕康有爲著　民國中國圖書公司刻本　全1冊　25.5cm×14.4cm　版框16.6cm×10.5cm　十行　二十七字　細黑口　四周單邊

索書號：經240　排架號：26-6-3
南軒論語解十卷　〔宋〕張栻撰　清通志堂刻本　全2冊　26.4cm×16.4cm　版框19.5cm×14.9cm　十一行　十九字　白口　左右雙邊　單順黑魚尾

索書號：經241　排架號：26-6-3
論語集説十卷　〔宋〕蔡節撰　清通志堂刻本　全3冊　26.4cm×16.4cm　版框19cm×15cm　十行　十六字　白口　左右雙邊　單順黑魚尾

索書號：經242　排架號：26-6-3
南軒孟子説七卷　〔宋〕張栻撰　清通志堂刻本　全4冊　26.4cm×16.4cm　版框19.4cm×15cm　十一行　二十字　白口　左右雙邊　單順黑魚尾

索書號：經243　排架號：26-6-4
孟子集疏十四卷　〔宋〕蔡模撰　清通志堂刻本　全3冊　26.4cm×16.4cm　版框19.6cm×15cm　十行　字數不等　白口　左右雙邊　單順黑魚尾

索書號：經244　排架號：26-6-4
四書纂疏二十六卷附孟子音義一卷　〔宋〕趙順孫纂録　清通志堂刻本　全10冊　26.4cm×16.4cm　版框19.6cm×15cm　十一行　字數不等　白口　左右雙邊　單順黑魚尾

索書號：經245　排架號：26-6-4
四書集編二十六卷　〔宋〕真德秀撰　〔宋〕劉承輯　清通志堂刻本　全5冊　26.4cm×16.4cm　版框19.5cm×15cm　十行　字數不等　白口　左右雙邊　單順黑魚尾

索書號：經246　排架號：26-6-4
四書通二十六卷　〔元〕胡炳文撰　清通志堂刻本　存9冊（大學通一　中庸通一　論語通十　孟子通一至九　十三至十四）共10冊　26.4cm×16.4cm　版框19.4cm×15cm　十行　字數不等　白口　左右雙邊　單順黑魚尾

索書號：經247　排架號：26-6-4
四書通證六卷　〔元〕張存中編　清通志堂刻本　全2冊　26.4cm×16.4cm　版框19.2cm×15cm　十行　二十字　白口　左右雙邊　單順黑魚尾

索書號：經248　排架號：16-1-1
四書纂箋二十六卷　〔元〕詹道傳撰　清通志堂刻本　全8冊　26.4cm×16.4cm

版框 19.4cm×15cm　十行　二十字
白口　左右雙邊　單順黑魚尾

索書號：經249　排架號：16-1-1
四書通旨六卷　〔元〕朱公遷撰　清通志堂刻本　全3册　26.4cm×16.4cm
版框 19.2cm×15cm　十一行　二十字
白口　左右雙邊　單順黑魚尾

索書號：經250　排架號：16-1-1
四書辨疑十五卷　〔元〕陳天祥撰　清通志堂刻本　全3册　26.4cm×16.4cm
版框 19.7cm×15cm　十一行　十九字
白口　左右雙邊　單順黑魚尾

索書號：經251　排架號：16-1-2
學庸集説啓蒙一卷　〔元〕景星撰　清通志堂刻本　全1册　26.4cm×16.4cm
版框 19cm×15cm　十三行　二十一字
白口　左右雙邊　雙順黑魚尾

索書號：經264　排架號：16-3-1
皇清經解論語四十四卷　〔清〕阮元編　清光緒十六年（1890）船山書局藏版刻本　全16册　21.7cm×12.7cm　版框 15cm×10cm　十一行　二十三字
白口　四周雙邊　單順黑魚尾

索書號：經267　排架號：16-3-2
皇清經解孟子四十九卷　〔清〕阮元編　清光緒十六年（1890）船山書局藏版刻本　全19册　21.7cm×12.7cm　版框 14.7cm×10cm　十一行　四十六字

白口　左右雙邊　單順黑魚尾

索書號：經270　排架號：16-4-1
四書人物類典串珠□□卷　〔清〕臧志仁編輯　清刻本　存2册（卷二十一至二十四　卷二十八至三十三）總册數不詳 18.3cm×12.3cm　版框 15cm×10cm
十行　二十四字　白口　四周單邊　單順黑魚尾

索書號：經271　排架號：16-4-1
四書典制類聯音注□□卷　〔清〕閻其淵輯　清光緒十年（1884）刻本　存5册（卷四至七　卷二十二　卷二十四至二十六）總册數不詳　18.8cm×12.3cm
版框 15.3cm×10.2cm　九行　二十四字
白口　四周單邊　單順黑魚尾

索書號：經271-1　排架號：16-4-1
四書典制類聯音注□□卷　〔清〕閻其淵輯　清光緒十年（1884）刻本　存1册（卷二十二）總册數不詳
18.4cm×12.1cm　版框 15cm×10cm
九行　二十五字　白口　四周單邊　單順黑魚尾

索書號：經283　排架號：16-4-3
四書題鏡不分卷　〔清〕汪靈川纂述　清嘉慶二十五年（1820）刻本　全10册
19cm×11.4cm　版框 13.5cm×10cm
十六行　三十字　白口　四周單邊　單順黑魚尾

雲南省會澤縣圖書館館藏古籍目録

· 025 ·

索書號：經22　排架號：18-4-3

大學衍義補輯要十二卷　〔清〕陳弘謀纂

清培遠堂藏版刻本　全8冊

26cm×15.5cm　版框18.8cm×12.8cm

十行　二十二字　白口　左右雙邊　冊1殘損

索書號：經23　排架號：18-4-3

大學衍義輯要六卷　〔清〕陳弘謀纂

清刻本　全4冊　26.8cm×17cm　版框18.9cm×12.7cm　十行　二十二字　白口　左右雙邊

索書號：經24　排架號：18-4-4

大學衍義補輯要十二卷　〔清〕陳弘謀纂

清乾隆二年（1737）東川府刻本　存7冊（卷一至二　卷五至十二）共12冊

26.8cm×17.1cm　版框18.6cm×12.6cm

十行　二十二字　白口　左右雙邊　冊5封面殘損

索書號：經34　排架號：18-5-3

尚書注疏二十卷　〔唐〕孔穎達撰　清嘉慶二十年（1815）江西南昌府學刻本　全9冊　23.5cm×15.3cm　版框17.2cm×12.7cm　十行　四十六字　粗黑口　雙順黑魚尾

索書號：經35　排架號：18-5-4

毛詩正義七十卷　〔漢〕毛亨傳〔漢〕鄭玄箋〔清〕孔穎達疏　清刻本　存20冊（卷一之一至二之一　卷三之三至二十之四）總冊數不詳

23.5cm×15.3cm　版框17.4cm×12.7cm

十行　四十六字　粗黑口　雙順黑魚尾

索書號：經48　排架號：18-6-5

尚書注疏十九卷　〔唐〕陸德明音義〔唐〕孔穎達疏　清刻本　存6冊（卷一至四　卷十至十九）總冊數不詳

26.2cm×17cm　版框21.6cm×15cm

十行　四十字　白口　四周單邊　單順黑魚尾

索書號：經49　排架號：27-1-1

毛詩注疏三十卷附毛詩譜　〔漢〕鄭玄箋〔唐〕孔穎達疏　清刻本　存13冊（卷一至二十三　卷二十五至三十）總冊數不詳　26cm×16.9cm　版框22.2cm×15cm　十行　四十字　白口　左右雙邊　單順黑魚尾　冊1封面封底殘損，冊20封底殘損，冊27殘損

索書號：經90　排架號：27-4-4

相臺五經尚書十三卷　〔漢〕孔安國傳

清刻本　全3冊　26cm×15.5cm　版框20.2cm×13.4cm　八行　字數不等　白口　四周雙邊　雙對黑魚尾

索書號：經132　排架號：17-2-4

皇清經解檢目八卷　〔清〕蔡啓盛編〔清〕周紹虞校　清光緒刻本　全2冊

28.4cm×15.7cm　版框18.5cm×13.5cm

十四行　字數不等　白口　四周雙邊　單順黑魚尾

索書號：經133　排架號：17-3-1

皇清經解一千三百一十九卷　〔清〕阮元輯　清刻本　存337冊（卷一至二十八　卷三十一至六十三　卷六十八至一百七十　卷一百七十七至二百五十一　卷二百五十六至三百一十二　卷三百一十六至三百九十一　卷三百九十四至四百九十　卷四百九十六至六百四十二下　卷六百六十四至七百三十四　卷七百四十至七百五十七　卷七百六十八至七百七十八　卷七百八十四至九百六十八　卷九百七十三至一千一百三十六　卷一千一百四十至一千一百四十二　卷一千一百四十七至一千一百六十五　卷一千一百七十至一千二百五十　卷一千二百五十三至一千二百六十　卷一千二百六十八至一千二百八十二　卷一千二百九十至一千三百四十九　卷一千三百五十五至一千三百七十　卷一千三百七十七至一千四百零八）共360冊　25cm×15.5cm　版框18.7cm×14cm　十一行　二十三字　白口　左右雙邊　單順黑魚尾　冊86、冊206封面殘損，冊307殘損

索書號：經135　排架號：26-1-1

七經小傳三卷　〔宋〕劉敞撰　清通志堂刻本　全1冊　26.3cm×16.4cm　版框19.7cm×15.1cm　十一行　二十字　白口　左右雙邊　單順黑魚尾

索書號：經136　排架號：26-1-1

六經奧論六卷　未署撰者　清通志堂刻本　全2冊　26.3cm×16.4cm　版框19cm×14.7cm　十一行　十九字　白口　左右雙邊　單順黑魚尾

索書號：經137　排架號：26-1-1

六經正誤六卷　〔宋〕毛居正校勘　清通志堂刻本　全2冊　26.3cm×16.4cm　版框19.1cm×14.9cm　十行　二十字　白口　左右雙邊　單順黑魚尾

索書號：經138　排架號：26-1-1

熊氏經說七卷　〔清〕熊朋來撰　清通志堂刻本　全1冊　26.3cm×16.4cm　版框19.8cm×14.7cm　十一行　二十字　白口　左右雙邊　單順黑魚尾

索書號：經139　排架號：26-1-2

十一經問對五卷　〔元〕何異孫撰　清通志堂刻本　全1冊　26.3cm×16.4cm　版框19.6cm×14.7cm　十一行　十九字　白口　左右雙邊　單順黑魚尾

索書號：經252　排架號：16-1-2

皇清經解檢目八卷　〔清〕蔡啓盛編　清刻本　全2冊　26.4cm×16.4cm　版框18.2cm×13.5cm　十四行　字數不等　白口　四周雙邊　單順黑魚尾

索書號：經277　排架號：16-4-2

增補五經備旨精萃七卷　〔清〕鄒梧岡纂輯　清京都善成堂刻本　全4冊　17.3cm×10.7cm　版框12.9cm×9.5cm　十一行　字數不等　白口　四周單邊　單順黑魚尾

雲南省會澤縣圖書館館藏古籍目錄

· 029 ·

索書號：經278　排架號：16-4-2

書經備旨七卷　〔清〕鄒梧岡纂輯〔清〕鄒廷猷編次　清雍正刻本　存2冊（卷三至七）總冊數不詳　17.3cm×11cm　版框12.9cm×9.4cm　十一行　字數不等　白口　四周單邊　單順黑魚尾

索書號：經306　排架號：16-5-1

十三經注疏校勘記識語四卷　〔清〕汪文臺疏　清光緒十三年（1887）上海點石齋刻本　全1冊　19.7cm×12.8cm　版框14.9cm×10.6cm　二十行　四十六字　白口　四周雙邊　單順黑魚尾

小學類

索書號：經16　排架號：18-3-4

學源堂左綉三十卷　未署撰者　清乾隆五十七年（1792）刻本　存13冊（卷一至十九　卷二十二至三十）總冊數不詳　25.6cm×16.4cm　版框22cm×14.5cm　十一行　字數不等　白口　四周單邊　單順黑魚尾　冊1封底殘損

索書號：經32　排架號：18-5-3

韻語彙編十二卷　蔗林先生甫輯　惺園主人續纂　吟香逸士校刊　清光緒十一年（1885）刻本　全12冊　24.6cm×12.9cm　版框15.2cm×10.6cm　五行　四十字　白口　單順黑魚尾　冊7殘損

索書號：經44　排架號：18-6-3

爾雅注疏十一卷　〔晉〕郭璞注〔宋〕邢昺疏　清嘉慶二十年（1815）江西南昌府學刻本　存6冊（卷一至十）總冊數不詳　22.8cm×15.4cm　版框17.2cm×13cm　十行　四十六字　粗黑口　左右雙邊　雙順黑魚尾

索書號：經58　排架號：27-2-2

爾雅注疏十一卷　〔晉〕郭璞注〔唐〕陸德明音義〔宋〕邢昺疏　清刻本　全4冊　26cm×17cm　版框22cm×15.6cm　十行　四十字　白口　左右雙邊　單順黑魚尾　冊4殘損

索書號：經67　排架號：27-2-4

方言十三卷　〔漢〕揚雄記〔晉〕郭璞注　清余姚盧氏抱經堂本刻本　全1冊　26.6cm×15.7cm　版框17.8cm×13.7cm　十行　四十字　白口　左右雙邊　單順黑魚尾

索書號：經68　排架號：27-2-4

釋名八卷　〔漢〕劉熙撰　清長洲吳氏璜川書屋刻本　全1冊　26.6cm×15.7cm　版框18.3cm×13.7cm　十行　二十一字　白口　左右雙邊　單順黑魚尾

索書號：經69　排架號：27-2-4

廣雅十卷　〔魏〕張揖撰〔隋〕曹憲音釋　清錢塘胡氏格致叢書本刻本　全1冊　26.6cm×15.7cm　版框18.4cm×13.8cm　十行　字數不等　白口　左右雙邊　單順黑魚尾

索書號：經70　排架號：27-2-4

急就篇四卷　〔宋〕王應麟注　清玉海附刻本　全2冊　26.6cm×15.7cm
版框18cm×13.7cm　十行　四十字
白口　左右雙邊　單順黑魚尾

索書號：經71　排架號：27-2-5

説文解字十五卷　〔漢〕許慎撰　清陽湖孫氏平津館本刻本　全4冊
26.6cm×15.7cm　版框17.8cm×13.7cm
十行　四十二字　白口　左右雙邊
單順黑魚尾

索書號：經72　排架號：27-2-5

説文繫傳四十卷　未署撰者　清壽陽祁氏刻本　全5冊　26.6cm×15.7cm
版框18.1cm×13.6cm　十行　四十二字
白口　左右雙邊　單順黑魚尾

索書號：經73　排架號：27-2-5

説文繫傳校勘記三卷　未署撰者　清綿州李氏函海本　全1冊　26.6cm×15.7cm
版框17.9cm×13.6cm　十行　四十二字
白口　左右雙邊　單順黑魚尾

索書號：經74　排架號：27-2-5

玉篇三卷　〔梁〕顧野王撰　清刻本
存2冊（卷中至下）總冊數不詳
26.6cm×15.7cm　版框18.1cm×13.7cm
十行　字數不等　白口　左右雙邊　單順黑魚尾

索書號：經75　排架號：27-2-5

千禄字書□□卷　〔唐〕顏元孫撰　清唐石刻本　全1冊　26.6cm×15.7cm
版框18.1cm×14cm　十行　字數不等
白口　左右雙邊　單順黑魚尾

索書號：經76　排架號：27-3-1

廣韻□□卷　〔宋〕陳彭年修　清蘇州張氏澤存堂本刻本　全5冊
26.6cm×15.2cm　版框18.1cm×13.7cm
十行　字數不等　白口　左右雙邊　單順黑魚尾

索書號：經77　排架號：27-3-1

廣韻五卷　〔宋〕陳彭年修　清明內府刻本　全5冊　26.6cm×15.2cm　版框
18.1cm×13.7cm　十行　字數不等
白口　左右雙邊　單順黑魚尾

索書號：經96　排架號：27-5-1

爾雅注疏□□卷　〔晉〕郭璞注〔宋〕邢昺疏　清光緒六年（1880）雲南書局刻本　存2冊（卷一至五）總冊數不詳
24cm×14.5cm　版框18.1cm×12.5cm
九行　四十字　白口　左右雙邊

索書號：經97　排架號：27-5-1

爾雅直音二卷　〔清〕孫侶輯　清嘉慶二十年（1815）體元堂刻本　全2冊
26cm×16.6cm　版框18.1cm×14.1cm
十行　十五字　白口　左右雙邊

索書號：經110　排架號：27-5-3

大學古本質言不分卷　〔清〕劉止唐著

雲南省會澤縣圖書館館藏古籍目錄

· 031 ·

清刻本　全1册　27.9cm×16.5cm
版框20cm×13.7cm　十行　二十字
白口　左右雙邊　單順黑魚尾

索書號：經115　排架號：27-5-4
復古編二卷　〔宋〕張有撰　清光緒十
八年（1892）劉氏小蘇齋刻本　全4册
27.5cm×15.6cm　版框16.3cm×13.2cm
九行　十八字　白口　四周單邊

索書號：經118　排架號：27-5-4
臨文便覽不分卷　未署撰者　清光緒二
年（1876）刻本　全2册　30cm×17.6cm
版框22.2cm×15.3cm　八行　字數不等
白口　左右雙邊　單順黑魚尾

索書號：經121　排架號：27-6-1
説文解字附通檢十四卷　〔漢〕許慎記
〔宋〕徐鉉等校定　清同治十二年（1873）
刻本　存9册（卷一　卷四至十四）共
10册　24.9cm×15.3cm　版框
17.4cm×12.4cm　十行　字數不等　白口
左右雙邊　單順黑魚尾

索書號：經122　排架號：27-6-1
説文引經證例二十四卷　〔清〕承培元撰
清廣雅書局刻本　全6册
28.7cm×18.1cm　版框21.3cm×15.3cm
十一行　二十三字　細黑口　四周單邊
單順黑魚尾

索書號：經123　排架號：27-6-2
説文通訓定聲十八卷附説雅附古今韻準

〔清〕朱駿聲記錄〔清〕朱鏡蓉參訂
清刻本　全24册　24.2cm×15.3cm
版框18.9cm×12.6cm　十行　五十二字
白口　四周雙邊　單順黑魚尾

索書號：經124　排架號：27-6-3
説文解字注三十二卷　〔清〕段玉裁注
清同治十一年（1872）湖北崇文書局
刻本　全27册　25.4cm×15.4cm　版
框19.4cm×13.8cm　九行　四十四字
白口　左右雙邊　單順黑魚尾　册6、
册11封面殘損，册17殘損

索書號：經266　排架號：16-3-1
皇清經解爾雅五十四卷　〔清〕阮元編
清刻本　存20册（卷二十至五十四）
總册數不詳　21.7cm×12.7cm　版框
14.5cm×10.1cm　十一行　四十六字
白口　左右雙邊　單順黑魚尾

索書號：經269　排架號：16-3-5
駢字類編□□卷　〔清〕吴士玉撰　清
刻本　存44册（卷七至十五　卷二十
二至二十六　卷三十六至二百四十）總
册數不詳　20.4cm×12.9cm　版框
16cm×11.4cm　二十行　八十四字
白口　四周雙邊　雙順黑魚尾　册17、
册26殘損

索書號：經272　排架號：16-4-1
韻典題考□□卷　一適主人編　清刻本
存1册（卷三至四）共4册
20cm×13cm　版框15.6cm×11.1cm

十六行　字數不等　粗黑口　四周雙邊　單順黑魚尾

索書號：經273　排架號：16-4-1
十三經注疏序□□卷　〔清〕劉世浚輯　清光緒十一年（1885）富順改雋堂刻本　存1冊（卷一至二）總冊數不詳　18.5cm×11.3cm　版框13.1cm×9.5cm　九行　二十一字　白口　四周雙邊　單順黑魚尾

索書號：經274　排架號：16-4-1
宋本十三經注疏□□卷　〔魏〕王弼注　清光緒二十九年（1903）點石齋刻本　存15冊（周易四卷　春秋左傳卷三至八　尚書四卷　禮記卷一至二　卷五至十二　論語卷一至二　孟子卷一至四　爾雅卷一至二　校刊記四卷）總冊數不詳　19.8cm×12.7cm　版框16.5cm×11.5cm　十八行　字數不等　白口　四周雙邊　單順黑魚尾

索書號：經275　排架號：16-4-2
古籀彙編十四卷　徐文鏡編　清刻本　存10冊（卷一至二　卷四至九　卷十一　卷十三）共14冊　20cm×13.2cm　版框14cm×9.1cm　六行　字數不等　白口　四周單邊

索書號：經276　排架號：16-4-2
五經合纂大成□□卷　同文書局編　清光緒上海書局刻本　存2冊（卷三至六）總冊數不詳　16.3cm×10cm　版框12.6cm×8.5cm　十四行　字數不等　白口　四周單邊　單順黑魚尾

索書號：經284　排架號：16-4-3
仰止子詳考古今名家潤色韻林正宗二卷　未署撰者　清刻本　存1冊（卷十四至十五）總冊數不詳　18.5cm×11.4cm　版框13cm×9.5cm　九行　字數不等　白口　四周雙邊　單順黑魚尾

索書號：經304　排架號：16-5-1
爾雅注疏并校勘記二卷　〔宋〕邢昺校　清光緒十三年（1887）點石齋刻本　全1冊　19.7cm×12.8cm　版框15.3cm×11cm　二十行　九十二字　白口　四周雙邊　單順黑魚尾

索書號：經308　排架號：16-5-2
欽定佩文韻府□□卷　〔清〕蔡升元編　清光緒十二年（1886）上海同文書局刻本　存20冊（卷一至十八　卷三十七下至六十三）總冊數不詳　19.8cm×13cm　版框15.8cm×11.5cm　二十四行　一百字　白口　四周雙邊　單順黑魚尾

索書號：經309　排架號：16-5-3
康熙字典十二集　〔清〕張玉書纂〔清〕陳廷敬纂　清康熙五十五年（1716）刻本　存24冊（午集　未集　申集　酉集　戌集　亥集　辰集中下　巳集上中）總冊數不詳　26.3cm×15.5cm　版框19cm×13.9cm　八行　四十八字　白口　四周雙邊　單順黑魚尾

史　部

正史類

索書號：史 11　排架號：1-1-2
二十一史四譜五十四卷　〔清〕沈炳震撰
清廣雅書局刻本　全 16 冊
28.6cm×17.9cm　版框 20.6cm×15.3cm
十一行　二十四字　粗黑口　四周單邊
單順黑魚尾

索書號：史 12　排架號：1-1-3
二十二史札記□□卷　〔清〕趙翼撰
清廣雅書局刻本　存 5 冊（卷十三至十六卷　二十五至三十六）總冊數不詳
28.5cm×18cm　版框 21.3cm×15.7cm
十一行　二十四字　粗黑口　四周單邊
單順黑魚尾

索書號：史 13　排架號：1-1-4
歷代史表五十九卷　〔清〕萬斯同撰
清光緒十五年（1889）廣雅書局刻本
存 6 冊（卷一至五十九）總冊數不詳
28.4cm×18cm　版框 21.5cm×15.5cm
十一行　二十四字　粗黑口　四周單邊
單順黑魚尾

索書號：史 38　排架號：1-4-2
三史拾遺五卷　〔清〕錢大昕撰　清光緒十七年（1891）廣雅書局刻本　全 1 冊
28.5cm×18cm　版框 21.4cm×15.7cm
十一行　二十四字　粗黑口　四周單邊
單順黑魚尾

索書號：史 39　排架號：1-4-3
諸史拾遺五卷　〔清〕錢大昕撰　清光緒十七年（1891）廣雅書局刻本　全 1 冊
28.6cm×18cm　版框 21.5cm×15.8cm
十一行　二十四字　粗黑口　四周單邊
單順黑魚尾

索書號：史 54　排架號：1-4-4
御批增補資治通鑒四十卷　〔明〕袁了凡纂　清光緒二十一年（1895）京都琉璃廠藏版刻本　存 36 冊（卷一至十五　卷十七　卷十九至二十　卷二十二至四十）共 40 冊　24cm×15.4cm　版框 17.4cm×13.8cm　十四行　二十八字
白口　左右雙邊　單順黑魚尾

索書號：史 66　排架號：1-5-2
晉略十卷　〔清〕周濟撰　清道光二年（1822）味雋齋重刊本　全 10 冊
31cm×18.2cm　版框 18.6cm×16.7cm
十二行　二十五字　白口　左右雙邊
單順黑魚尾

索書號：史 67　排架號：1-5-3
晉略十卷　〔清〕周濟撰　清道光二年（1822）味雋齋重刊本　全 10 冊
31cm×18.2cm　版框 19cm×14.5cm
十二行　二十五字　白口　左右雙邊
單順黑魚尾

索書號：史 73　排架號：1-5-4
唐六典三十卷　〔唐〕唐玄宗御撰〔唐〕李林甫注　清刻本　存 4 冊（卷一至三十）總册數不詳　28.5cm×18cm　版框 21.2cm×15.3cm　十一行　二十四字　粗黑口　四周單邊　單順黑魚尾

索書號：史 90　排架號：7-1-3
史略□□卷　〔清〕朱塈輯　清刻本　存 1 冊（卷十三至十八）總册數不詳　24.2cm×13.1cm　版框 15.1cm×12.2cm　十三行　二十八字　白口　左右雙邊　單順黑魚尾

索書號：史 100　排架號：7-1-5
史略五十八卷　〔清〕朱塈輯　清刻本　存 2 冊（卷三十至三十四　卷五十二至五十八）總册數不詳　24.1cm×13.1cm　版框 15cm×12.3cm　十三行　二十八字　白口　左右雙邊　單順黑魚尾

索書號：史 105　排架號：7-1-5
歷代史論一編四卷　〔明〕張溥著　清光緒九年（1883）刻本　全 1 冊　24.8cm×15.2cm　版框 16.7cm×14cm　十一行　二十一字　粗黑口　左右雙邊　雙對黑魚尾

索書號：史 107　排架號：7-1-5
世界進化史□□卷　〔清〕張通煜輯譯　清刻本　存 3 冊（卷下）總册數不詳　25.7cm×14.8cm　版框 19.1cm×13.9cm　十行　二十五字　白口　四周雙邊　單順黑魚尾

索書號：史 108　排架號：7-1-5
明宮史八卷　〔清〕劉若愚編述　清宣統二年（1910）國學扶輪社印行刻本　全 2 冊　25.5cm×15.2cm　版框 17.2cm×12.8cm　十一行　三十字　粗黑口　四周雙邊　單順黑魚尾

索書號：史 118　排架號：7-2-2
史略□□卷　〔清〕朱塈輯　清刻本　存 1 冊（卷一至六　卷十三）總册數不詳　24.2cm×13.1cm　版框 14.9cm×12cm　十三行　二十八字　白口　左右雙邊　單順黑魚尾

索書號：史 121　排架號：7-2-3
史記一百三十卷　〔漢〕司馬遷撰〔南宋〕裴駰集解〔唐〕司馬貞索隱〔唐〕張守節正義　清同治八年（1869）嶺南苑古堂藏版刻本　存 27 冊（卷一至十二　卷十七至二十　卷二十六至卷三十　卷三十五至一百一十五　卷一百二十一至一百三十）共 33 冊　30.4cm×18cm　版框 21.5cm×18cm　十行　二十一字　白口　左右雙邊　單順黑魚尾　冊 23、冊 24 封面殘損

索書號：史 122　排架號：7-2-4
史記一百三十卷附補史記一卷　〔漢〕司馬遷撰〔南宋〕裴駰集解〔唐〕司馬貞索隱〔唐〕張守節正義　清刻本　存 15 冊（卷六至十二　卷三十二至四十七

卷五十六至八十　卷九十一至一百二十）共 26 册　30.3cm×20.4cm　版框 23.5cm×16cm　十行　二十一字　白口　左右雙邊　單順黑魚尾　册 19 封面殘損

索書號：史 123　排架號：7-3-1
漢書一百二十卷　〔漢〕班固撰〔唐〕顏師古注　清同治八年（1869）嶺南苑古堂藏版刻本　存 38 册（卷一至十八　卷二十至四十三　卷四十九至一百二十）共 40 册　30.5cm×17.9cm　版框 22.2cm×15.3cm　十行　二十一字　白口　左右雙邊　單順黑魚尾　册 18、册 21 殘損，册 24 封面殘損

索書號：史 124　排架號：7-3-2
漢書一百二十卷　〔漢〕班固撰〔唐〕顏師古注　清同治十年（1871）成都書局刻本　存 31 册（卷一至二十　卷二十三至一百）總册數不詳　30.3cm×20.2cm　版框 22.4cm×15.2cm　十行　二十一字　白口　左右雙邊　單順黑魚尾　册 1、册 8 封底殘損，册 14 封面殘損，册 5、册 7、册 15 至 18、册 20 至 24、册 26 至 31 封面封底殘損，册 10、册 25、册 32 殘損

索書號：史 125　排架號：7-3-4
漢書一百二十卷　〔漢〕班固撰〔唐〕顏師古注　清同治十二年（1873）嶺東使署校刊本　全 16 册　30.5cm×18.1cm　版框 21.5cm×15cm　十二行　二十五字　白口　左右雙邊　單順黑魚尾

索書號：史 126　排架號：7-4-1
漢書一百二十卷　〔漢〕班固撰〔唐〕顏師古注　清同治十年（1871）成都書局刻本　存 19 册（卷一至二　卷九至二十七上之下　卷二十八　卷三十二至四十二　卷五十七中至七十五　卷八十一至八十七中　卷九十一至九十四中　卷九十九至一百二十）共 32 册　30.5cm×20.2cm　版框 22.7cm×15.2cm　十行　二十一字　白口　左右雙邊　單順黑魚尾　册 10、册 21 封面殘損，册 3、册 8、册 28 封底殘損，册 32 封面封底殘損

索書號：史 127　排架號：7-4-2
後漢書一百三十卷附武英殿本二十三史考證不分卷　〔南宋〕范曄撰〔唐〕李賢注〔梁〕劉昭補志　清同治八年（1869）嶺南苑古堂藏版刻本　存 26 册（卷一至八十七　卷一百至一百三十）共 29 册　30.2cm×17.8cm　版框 21.6cm×15.5cm　十行　二十一字　白口　左右雙邊　單順黑魚尾　册 9 封面殘損，册 19 封底殘損

索書號：史 128　排架號：7-4-3
後漢書八十卷附續漢書八志三十卷　〔南宋〕范曄撰〔唐〕李賢注〔梁〕劉昭補志　清同治十二年（1873）嶺東使署校刊本　全 16 册　30.4cm×18.2cm　版框 30.4cm×18.2cm　十二行　二十五字　白口　左右雙邊　單順黑魚尾　册 1、册 11、册 14 封面殘損，册 7、册 15、

册16封底殘損，册8封面封底殘損

索書號：史129　排架號：7-4-4
後漢書一百三十卷　〔南宋〕范曄撰〔唐〕李賢注〔梁〕劉昭補志　清同治十年（1871）成都書局刻本　全28册　30cm×20.1cm　版框22.5cm×15.3cm　十行　二十一字　白口　左右雙邊　單順黑魚尾　册1、册18、册19、册21、册23封面殘損，册15封底殘損，册13、册14、册16、册17、册22、册26、册27、册28封面封底殘損

索書號：史130　排架號：7-5-2
後漢書一百三十卷　〔南宋〕范曄撰〔唐〕李賢注　清刻本　存22册（卷二至四十三　卷四十八至五十一　卷五十六至八十五　卷九十至九十三　卷九十九至一百零六　卷一百一十至一百三十）共28册　30.3cm×20.4cm　版框22.2cm×15.3cm　十行　二十一字　白口　左右雙邊　單順黑魚尾　册23、册28封面殘損，册2、册6、册7、册14、册27封底殘損

索書號：史131　排架號：7-5-3
三國志六十五卷　〔晉〕陳壽撰〔南宋〕裴松之注　清光緒七年（1881）刻本　全12册　26.4cm×17.7cm　版框21.1cm×15.2cm　十二行　二十五字　白口　左右雙邊　單順黑魚尾　册2封面封底殘損，册9、册12封底殘損

索書號：史132　排架號：7-5-4
三國志考證八卷　〔清〕潘眉撰　清光緒十五年（1889）廣雅書局刻本　全2册　28.6cm×18.1cm　版框20.5cm×15.4cm　十一行　二十四字　粗黑口　四周單邊　單順黑魚尾　册1封面殘損

索書號：史133　排架號：7-5-4
三國志六十五卷　〔晉〕陳壽撰〔南宋〕裴松之注　清刻本　存17册（卷八至六十五）共20册　30.2cm×17.8cm　版框22cm×15.2cm　十行　二十一字　白口　左右雙邊　單順黑魚尾　册8封面殘損

索書號：史134　排架號：7-6-1
三國志一百三十卷　〔晉〕陳壽撰　〔南宋〕裴鬆之注　清同治十年（1871）恭摹殿本刊于成都書局刻本　全14册　30.3cm×20.2cm　版框22.8cm×15.4cm　十行　二十一字　白口　左右雙邊　單順黑魚尾　册1封面殘損，册14封底殘損

索書號：史135　排架號：7-6-2
晉書一百卷　〔唐〕唐太宗御撰　清同治八年（1869）嶺南苑古堂藏版刻本　存36册（卷一至四十五　卷五十至一百三十）共37册　30.5cm×18cm　版框21.9cm×15.6cm　十行　二十一字　白口　左右雙邊　單順黑魚尾　册19、册34、册35封面殘損，册11、册36封底殘損，册15封面封底殘損

至一百五十四　卷一百七十五一百八十　卷一百八十四至二百零七　卷二百一十至二百一十一　卷二百一十五至二百四十九　卷二百五十三至三百三十二）總冊數不詳　28.9cm×18.2cm　版框22.2cm×15.3cm　十行　二十一字　白口　左右雙邊　單順黑魚尾　冊1、冊22、冊45、冊46、冊67缺頁

索書號：史168　排架號：8-5-2
明史三百三十七卷　〔清〕張廷玉修　清刻本　存42冊（卷二十五至二十七　卷三十一至三十七　卷七十四至七十六　卷八十二至八十五　卷九十一至九十二　卷九十八至九十九　卷一百一十九至一百二十一　卷一百三十四至一百四十四　卷一百五十至一百五十四　卷一百九十至一百九十二　卷一百九十九至二百零七　卷二百一十四至二百一十七　卷二百五十至卷三百零七　卷三百一十七至三百二十六）總冊數不詳　26.1cm×16.4cm　版框22.3cm×15.2cm　十行　二十一字　白口　左右雙邊　單順黑魚尾　冊25、冊39殘損

索書號：史205　排架號：9-2-3
歷代史論十二卷　〔明〕張溥著　清光緒十一年（1885）粵東文升閣刻本　全8冊　19.8cm×12.2cm　版框15.3cm×11cm　十一行　二十一字　白口　四周單邊　單順黑魚尾

索書號：史219　排架號：9-5-5

史記□□卷　〔漢〕司馬遷撰〔南宋〕裴駰集解〔唐〕司馬貞索隱〔唐〕張守節正義　清刻本　存6冊（卷十二至二十八　卷三十一至一百一十一）總冊數不詳　19.7cm×13cm　版框17.8cm×11.7cm　二十行　四十二字　白口　四周單邊　單順黑魚尾

索書號：史220　排架號：9-5-5
前漢書□□卷　〔漢〕班固撰〔唐〕顏師古注　清刻本　存4冊（卷十三至二十六　卷七十二至一百下）總冊數不詳　19.8cm×13cm　版框17.9cm×11.5cm　二十行　四十二字　白口　四周單邊　單順黑魚尾

索書號：史221　排架號：9-5-6
欽定前漢書□□卷　〔漢〕班固撰〔唐〕顏師古注　清刻本　存6冊（卷二十二至二十八　卷八十九至九十六下）總冊數不詳　20.2cm×13.2cm　版框16.4cm×11.7cm　十七行　三十七字　白口　四周雙邊　單順黑魚尾　冊6殘損

索書號：史221-1　排架號：9-5-6
欽定後漢書□□卷　〔南宋〕范曄撰〔唐〕李賢注〔梁〕劉昭補志　清刻本　存2冊（卷八至二十一　卷四十至五十一）總冊數不詳　20.2cm×13.2cm　版框16.4cm×11.7cm　十七行　三十七字　白口　四周雙邊　單順黑魚尾

索書號：史222　排架號：9-5-6

欽定前漢書□□卷　〔漢〕班固撰〔唐〕顏師古注　清刻本　存15冊（卷七至十五　卷十八至二十四上　卷二十七中之上至三十一　卷五十一至一百）總冊數不詳　19.5cm×13cm　版框15.7cm×11.7cm　十三行　四十字　白口　四周單邊　雙對黑魚尾　冊3殘損

索書號：史223　排架號：9-5-7
後漢書一百二十卷　〔南宋〕范曄撰〔唐〕李賢注〔梁〕劉昭補志　清光緒二十八年（1902）史學會社刻本　存6冊（卷一至六十九　卷八十五至九十六卷一百一十至一百二十）總冊數不詳　19.6cm×12.8cm　版框17.6cm×11.7cm　二十行　四十二字　白口　四周單邊　單順黑魚尾　冊5缺頁

索書號：史224　排架號：9-5-7
欽定南齊書五十九卷　〔梁〕蕭子顯撰　上海民國第一圖書局刻本　存5冊（卷一至二十二　卷三十六至五十九）總冊數不詳　19.5cm×13cm　版框15.7cm×11.6cm　十三行　四十字　白口　四周單邊　雙對黑魚尾

索書號：史225　排架號：9-5-7
欽定北齊書□□卷　〔唐〕李百藥撰　清刻本　存4冊（卷八至十六　卷二十四至五十）總冊數不詳　19.5cm×13.1cm　版框15.7cm×11.6cm　十三行　四十字　白口　四周單邊　單順黑魚尾

索書號：史226　排架號：9-5-7
周書五十卷　〔唐〕令狐德棻撰　上海民國第一圖書局刻本　存2冊（卷一至十二　卷二十八至三十九）總冊數不詳　19.6cm×13.1cm　版框15.6cm×11.6cm　十三行　四十字　白口　四周單邊　雙對黑魚尾

索書號：史227　排架號：9-6-1
欽定隋書八十五卷　〔唐〕長孫無忌撰　清刻本　存7冊（卷七至二十四　卷三十一至四十五　卷七十六至八十五）共12冊　19.5cm×13.1cm　版框15.6cm×11.8cm　十三行　四十字　白口　四周單邊　雙對黑魚尾

索書號：史228　排架號：9-6-1
欽定北史一百卷　〔唐〕李延壽撰　上海民國第一圖書局刻本　存10冊（卷一至五　卷十二至二十三　卷四十一至五十七　卷六十五至八十六　卷九十四至一百）共16冊　19.6cm×13.1cm　版框15.6cm×11.6cm　十三行　四十字　白口　四周單邊　雙對黑魚尾　冊10封底殘損

索書號：史229　排架號：9-6-1
舊唐書二百卷　〔後晉〕劉昫撰　清刻本　存19冊（卷十二至十六　卷十九上至三十三　卷三十九至四十　卷四十四至六十一　卷七十一至七十八　卷八十九是九十七　卷一百一十五至一百二十五　卷一百四十三至二百）共30冊

19.5cm×13.2cm　版框15.7cm×11.1cm　十三行　四十字　白口　四周單邊　雙對黑魚尾　冊20殘損

索書號：史230　排架號：9-6-2
唐書二百二十五卷　〔宋〕歐陽修撰　清刻本　存12冊（卷五至三十六　卷四十四至七十上　卷七十一下至七十二上　卷八十四至一百零六　卷一百四十一至一百五十二）總冊數不詳　19.5cm×13.2cm　版框15.7cm×11.6cm　十三行　四十字　白口　四周單邊　雙對黑魚尾　冊9封底殘損

索書號：史231　排架號：9-6-3
宋史四百九十六卷　〔元〕脫脫等撰　上海民國第一圖書局刻本　存45冊（卷一至二十五　卷三十七至四十七　卷五十五至八十六　卷一百零五至一百二十八　卷一百三十八至一百五十六　卷一百六十四至一百七十　卷一百八十五至二百零一　卷二百一十至二百一十四　卷二百一十八至二百二十四　卷二百二十七至二百二十八　卷二百三十一至二百三十四　卷二百三十八至二百九十七　卷三百一十四至三百四十七　卷三百六十八至三百七十七　卷三百八十七至四百二十七　卷四百三十七四百九十六）共63冊　19.2cm×13cm　版框15.6cm×11.5cm　十三行　四十字　白口　四周單邊　雙對黑魚尾　冊45、冊51封面殘損，冊16封底殘損

索書號：史232　排架號：9-6-5
欽定遼史□□卷　〔元〕托克托修　清刻本　存5冊（卷十三至三十　卷四十七至一百一十六）總冊數不詳　19.3cm×13cm　版框15.7cm×11.4cm　十三行　四十字　白口　四周單邊　雙對黑魚尾

索書號：史233　排架號：9-6-5
欽定元史二百一十卷　〔明〕宋濂修　清刻本　存15冊（卷八至十六　卷二十六至三十四　卷四十八至五十三　卷五十九至八十二　卷一百零四至一百二十三　卷一百三十三至一百九十　卷二百零二至二百一十）總冊數不詳　19.5cm×13cm　版框15.7cm×11.7cm　十三行　四十字　白口　四周單邊　雙對黑魚尾

索書號：史234　排架號：9-6-6
明史三百三十七卷　〔清〕張廷玉撰　清刻本　存23冊（卷十三至二十四　卷三十二至四十二　卷五十二至八十一　卷九十一至九十九　卷一百一十至一百四十八　卷一百九十九至二百一十五　卷二百三十五至二百六十　卷二百八十一至三百三十二）總冊數不詳　19.4cm×13cm　版框15.7cm×11.5cm　十三行　四十字　白口　四周單邊　雙對黑魚尾　冊3封底殘損

索書號：史235　排架號：4-1-1
西漢會要七十卷　〔宋〕徐天麟撰　清

光緒五年（1879）嶺南學海堂刻本　全18冊　20cm×12.3cm　版框13.6cm×11cm　十行　二十字　白口　四周單邊　單順黑魚尾

索書號：史236　排架號：4-1-2
前後漢紀六十卷附兩漢紀校記二卷
〔漢〕荀悦撰〔晉〕袁宏撰　清光緒二年（1876）嶺南學海堂刻本　存13冊（前漢卷一至十　卷十六至三十　後漢卷一至三十）共14冊　20cm×12.3cm　版框13.8cm×11cm　十行　二十字　白口　左右雙邊　單順黑魚尾　前漢記冊2、冊5封面殘損

索書號：史257　排架號：4-3-1
戰國策補注不分卷　〔東周〕高誘注〔清〕吳曾祺編纂〔清〕朱元善校訂民國十五年（1926）上海商務印書館刻本　全4冊　19.8cm×13.2cm　版框17cm×12.4cm　十五行　三十字　白口　四周單邊　單順黑魚尾

索書號：史257-1　排架號：4-3-1
戰國策補注三十三卷　〔東周〕高誘注〔清〕吳曾祺編纂〔清〕朱元善校訂民國二年（1913）上海商務印書館刻本　全4冊　20.2cm×13.5cm　版框17.2cm×13cm　十五行　三十字　白口　四周單邊　單順黑魚尾

索書號：史265　排架號：4-3-3
英國史略四卷　〔清〕溫宗堯輯譯　中華印書局刻本　全1冊　20cm×12.5cm　版框15.5cm×10.5cm　十二行　三十一字　白口　四周雙邊　雙對黑魚尾

索書號：史269　排架號：4-3-3
南北春秋二卷附南北春秋勘誤表　〔清〕天覭編纂　清上海廣益書局刻本　全1冊　19.8cm×13.2cm　版框16.2cm×11cm　十二行　三十字　粗黑口　四周單邊　單順黑魚尾

索書號：史6　排架號：6-4-1
資治通鑑二百九十四卷附目錄三十卷考異三十卷釋例一卷問疑一卷釋文三十卷釋文辯誤十二卷　〔宋〕司馬光撰　存82冊（卷一至九　卷十三至十五　卷二十六至四十八　卷六十至一百二十七　卷一百三十八至一百五十一　卷一百五十六至一百六十九　卷一百八十五至二百六十六　卷二百八十一至二百九十四）共100冊　26.4cm×17.2cm　版框20.2cm×14.7cm　十二行　二十四字　粗黑口　左右雙邊　單順黑魚尾　冊19封面缺頁，冊31封底缺頁

索書號：史102　排架號：7-1-5
御批歷代通鑑輯覽一百一十一卷　〔清〕傅恆撰　清刻本　存2冊（卷七十一至七十二　卷一百一十至一百一十一）總冊數不詳　24cm×15cm　版框17.7cm×15cm　十一行　二十二字　白口　四周雙邊　雙順黑魚尾　冊2封面殘損

雲南省會澤縣圖書館館藏古籍目錄

索書號：史106　排架號：7-1-5
趙文恪公自訂年譜不分卷　〔清〕趙光撰　清保山吳氏釗署刻本　存1冊，總冊數不詳　24.5cm×15.5cm　版框19.4cm×12.7cm　九行　十八字　白口　四周雙邊　單順黑魚尾

紀事本末類

索書號：史3　排架號：6-2-2
讀史方輿紀要一百三十卷　〔清〕顧祖禹輯注〔清〕彭元瑞校定　清光緒五年（1879）敷文閣藏版刻本　存63冊（卷一至七十七　卷七十九至一百三十）共64冊　24cm×15cm　版框20cm×13cm　十行　五字　白口　四周雙邊　單順黑魚尾

索書號：史7　排架號：6-5-1
通鑑紀事本末二百三十九卷　〔宋〕袁樞編輯〔明〕張溥論正　清光緒十三年（1887）廣雅書局重刻本　存47冊（卷一至二十六　卷三十至四十七）總冊數不詳　28.2cm×17cm　版框21.4cm×14.6cm　十行　十九字　粗黑口　四周單邊　單順黑魚尾　册1、册4封底缺頁

索書號：史15　排架號：1-2-2
皇宋通鑑長編紀事本末一百五十卷　〔宋〕楊仲良輯　清光緒十九年（1893）廣雅書局刻本　存23冊（卷一至一百四十二　卷一百四十四至一百五十）總冊數不詳　28.4cm×18cm　版框20.8cm×15.3cm　十一行　二十四字　粗黑口　四周單邊　單順黑魚尾

索書號：史16　排架號：1-2-4
宋史紀事本末一百零九卷　〔明〕馮琦編〔明〕陳邦瞻增訂〔明〕張溥論正　清光緒十三年（1887）廣雅書局刻本　存5冊（卷一至三十四　卷六十七至七十二）總冊數不詳　28.2cm×18cm　版框20.5cm×14.6cm　十行　二十字　細黑口　四周單邊　單順黑魚尾

索書號：史17　排架號：1-2-4
元史紀事本末二十七卷　〔明〕陳邦瞻編輯〔明〕張溥論正　清光緒十三年（1887）廣雅書局刻本　存2冊（卷一至二十七）總冊數不詳　28.4cm×18cm　版框21.1cm×15cm　十行　二十字　粗黑口　四周單邊　單順黑魚尾

索書號：史18　排架號：1-2-4
明史紀事本末八十卷　〔清〕谷應泰編輯　清廣雅書局刻本　存13冊（卷六至十九　卷三十四至八十）總冊數不詳　28.5cm×18cm　版框21cm×15.2cm　十行　二十字　粗黑口　四周單邊　單順黑魚尾

索書號：史23　排架號：1-3-3
紀元編三卷　〔清〕李兆洛輯　清同治十年（1871）合肥李氏重刻本　存1冊（卷一至三）總冊數不詳　24.3cm×15.5cm

版框 17cm×12.5cm 十行 二十四字 白口 左右雙邊 單順黑魚尾

索書號：史 74 排架號：1-5-4
新舊唐書互證二十卷 〔清〕趙紹祖撰 清光緒十七年（1891）廣雅書局刻本 存 4 冊（卷一至二十）總冊數不詳 28.5cm×18cm 版框 20.7cm×16.9cm 十一行 二十四字 粗黑口 四周單邊 單順黑魚尾

索書號：史 86 排架號：7-1-2
聖武記十四卷 〔清〕魏源撰 清克州藏本刻本 存 12 冊（卷一至四 卷六至十四）共 11 冊 24.1cm×15.3cm 版框 17.6cm×15.3cm 十行 二十一字 白口 四周雙邊 單順黑魚尾 冊 1、冊 9 封面殘損、冊 7、冊 12 封底殘損、冊 4、冊 6 封面封底殘損

索書號：史 87 排架號：7-1-2
湘軍志十六卷 〔清〕王闓運撰 清光緒二十八年（1902）湖南書局刊刻本 全 6 冊 22.5cm×14.5cm 版框 15.7cm×11.4cm 十行 十九字 白口 四周單邊 單順黑魚尾

索書號：史 88 排架號：7-1-2
湘軍記二十卷 〔清〕王定安撰 清光緒十五年（1889）江南書局刊版刻本 全 12 冊 26.3cm×15.4cm 版框 18.2cm×15.4cm 九行 二十二字 白口 四周雙邊 單順黑魚尾

索書號：史 99 排架號：7-1-5
湘軍志十六卷 〔清〕王闓運撰 清刻本 全 4 冊 31.5cm×21.3cm 版框 23.8cm×16cm 十行 二十一字 白口 左右雙邊 單順黑魚尾

索書號：史 110 排架號：7-1-5
新譯十九世紀外交史十七卷 〔日本〕平田久著 清刻本 存 3 冊（卷五至十七）總冊數不詳 26.3cm×15cm 版框 17.7cm×12.3cm 十二行 二十四字 粗黑口 左右雙邊 冊 1 封面殘損，冊 3 封底及內頁殘損

索書號：史 115 排架號：7-2-1
左傳紀事本末五十三卷 〔清〕高士奇編輯 清刻本 全 5 冊 33.7cm×20.8cm 版框 24cm×17.6cm 十一行 二十五字 白口 四周雙邊 冊 1、冊 3 封面殘損，冊 2、冊 4 至 5 封面封底殘損

索書號：史 178 排架號：3-3-2
左傳紀事本末五十三卷 〔清〕高士奇編輯〔清〕閔萃祥勘 清光緒十四年（1888）上海書業公所鑄版刻本 全 3 冊 19.3cm×12.8cm 版框 15.4cm×11cm 十五行 四十字 白口 四周雙邊 單順黑魚尾

索書號：史 178-1 排架號：3-3-2
通鑒紀事本末二百三十九卷 〔宋〕袁樞編輯〔明〕張溥論正 清光緒十四年（1888）上海書業公所鑄版刻本 全 24 冊

雲南省會澤縣圖書館館藏古籍目錄

19.3cm×12.8cm　版框15.4cm×11cm　十五行　三十九字　白口　四周雙邊　單順黑魚尾　册7殘損

索書號：史178-2　排架號：3-3-2
宋史紀事本末一百零九卷　〔明〕陳邦瞻編輯〔明〕張溥論正　清光緒十四年（1888）上海書業公所鑄版刻本　全8册　19.3cm×12.8cm　版框15.4cm×11cm　十五行　四十字　白口　四周雙邊　單順黑魚尾　册6、册7殘損

索書號：史178-3　排架號：3-3-2
元史紀事本末二十七卷　〔明〕陳邦瞻編輯〔明〕張溥論正　清光緒十四年（1888）上海書業公所鑄版刻本　全2册　19.3cm×12.8cm　版框15.4cm×11cm　十五行　四十字　白口　四周雙邊　單順黑魚尾

索書號：史178-4　排架號：3-3-2
西夏紀事本末三十六卷　〔清〕張鑑編輯〔清〕閔萃祥勘　清光緒十四年（1888）上洋書業公所鑄版刻本　全2册　19.3cm×12.8cm　版框15.4cm×11cm　十五行　四十字　白口　四周雙邊　單順黑魚尾

索書號：史178-5　排架號：3-3-2
明史紀事本末八十卷　〔清〕谷應泰編輯〔清〕朱記榮校正　清光緒十四年（1888）上海書業公所鑄版刻本　全8册　19.3cm×12.8cm　版框15.4cm×11cm　十五行　四十字　白口　四周雙邊　單順黑魚尾

索書號：史178-6　排架號：3-3-2
三藩紀事本末二十二卷　〔清〕楊陸榮編輯〔清〕朱記榮校正　清刻本　全1册　19.3cm×12.8cm　版框15.4cm×11cm　十五行　四十字　白口　四周雙邊　單順黑魚尾

索書號：史180　排架號：3-3-5
通志二百卷　〔宋〕鄭樵撰　清刻本　存31册（卷六至二十二　卷七十八至九十三　卷九十八至一百九十五）總册數不詳　19.7cm×13cm　版框16.5cm×11.6cm　二十二行　四十六字　白口　四周單邊　單順黑魚尾

索書號：史181　排架號：3-4-1
通志二百卷附欽定通志考證三卷　〔宋〕鄭樵撰　清刻本　存15册（卷十六至二十　卷三十八至四十三　卷五十八至六十二　卷六十八至八十二　卷一百零五至一百零七　卷一百二十至一百二十四　卷一百三十一至一百三十四　卷一百四十九至一百五十　卷一百九十五至一百九十六　卷二百）總册數不詳　20cm×13.1cm　版框16.7cm×11.4cm　十六行　四十二字　白口　四周單邊　雙對黑魚尾

別史類

索書號：史 4　排架號：6-2-5

三朝北盟會編二百五十卷　〔宋〕徐夢莘編集　清光緒四年（1878）刻本　存 12 冊（卷一至二十二　卷二百零五至二百五十）總册數不詳　25.5cm×15.5cm　版框 16.8cm×12cm　十行　二十一字　粗黑口　四周雙邊　單順黑魚尾

索書號：史 8　排架號：6-6-1

通典二百卷　〔唐〕杜佑撰　清同治十年（1871）學海堂恭刻本　存 34 冊（卷一至二十　卷二十五至六十七　卷七十四至一百四十四　卷一百五十至二百）共 37 冊　26.3cm×17cm　版框 20.6cm×15cm　十行　二十一字　白口　左右雙邊　單順黑魚尾

索書號：史 9　排架號：6-6-2

欽定續通典一百五十卷　〔清〕嵇璜撰〔清〕曹仁虎撰　清光緒元年（1875）學海堂重刻本　存 32 冊（卷一至二十二　卷二十六至二十八　卷三十二至一百一十一　卷一百一十九至一百三十四）總册數不詳　26.4cm×17cm　版框 19.9cm×15cm　九行　十九字　白口　四周雙邊　單順黑魚尾

索書號：史 10　排架號：1-1-1

皇朝通典一百卷　〔清〕弘曆撰　清刻本　存 29 冊（卷五至四十　卷四十四至五十七　卷六十至一百）總册數不詳　26.2cm×17cm　版框 20cm×5cm　九行　二十一字　白口　四周雙邊　單順黑魚尾

索書號：史 64　排架號：1-5-2

國語翼解六卷　〔清〕陳瑑撰　清光緒十八年（1892）廣雅書局刻本　存 1 冊（卷一至二）總册數不詳　30.7cm×20cm　版框 21cm×17.7cm　十一行　二十四字　細黑口　四周單邊　單順黑魚尾

索書號：史 95　排架號：7-1-3

東萊博議不分卷　〔宋〕呂祖謙撰　清光緒二十五年（1899）敍府鴻儒山房重校本　存 2 冊，總册數不詳　25.1cm×16.5cm　版框 19.1cm×15.5cm　九行　二十五字　粗黑口　左右雙邊　單順黑魚尾

索書號：史 96　排架號：7-1-3

史荃五卷　未署撰者　清咸豐元年（1851）綠筠書屋藏版刻本　全 4 冊　28.5cm×18.6cm　版框 21.5cm×17.3cm　八行　十五字　白口　四周雙邊　單順黑魚尾

索書號：史 207　排架號：9-2-6

滿清稗史二十九卷　〔清〕陸保璿輯　民國二年（1913）新中國圖書局刻本　存 11 冊（南北春秋二卷　當代名人事略二卷　黃花崗十傑紀實一卷　三江筆記二卷　湘漢百事二卷　新燕語二卷　變異錄一卷　銅版畫）總册數不詳　19.8cm×13.2cm　版框 17.2cm×11.9cm　十二行　三十二字　粗黑口　四周單邊

單順黑魚尾

雜史類

索書號：史45　排架號：1-4-3
晉宋書故一卷　〔清〕郝懿行撰　清光緒十七年（1891）廣雅書局刻本　存1冊（卷一）總冊數不詳　28.7cm×18cm　版框21cm×15.8cm　十一行　二十四字　粗黑口　四周單邊　單順黑魚尾

索書號：史101　排架號：7-1-5
雲臺金石記□□卷　〔清〕佚名撰〔清〕李慈銘輯　清刻本　存2冊（陸麗京雪罪雲游記　記桐城方戴兩家書案　金粟逸人逸事　越縵堂日記鈔　二顧先生遺詩　雲自在堪筆記）總冊數不詳　23cm×14.4cm　版框16.2cm×13.2cm　十二行　三十二字　粗黑口　四周單邊　單順黑魚尾

索書號：史176　排架號：3-3-2
廣治平略□□卷　〔清〕蔡方炳訂　清刻本　存3冊（卷二十五至二十七　卷三十二至三十三　卷三十六至三十七）總冊數不詳　24.8cm×13.5cm　版框20.6cm×12.3cm　九行　二十五字　白口　四周單邊　冊2殘損

索書號：史246　排架號：4-1-5
金石存十五卷　〔清〕吳玉搢纂　清李氏香室藏版刻本　全4冊　16.6cm×10cm　版框12cm×8.2cm　十一行　二十字　粗黑口　左右雙邊　單順黑魚尾

索書號：史253　排架號：4-2-3
三通序三種　〔唐〕杜佑著〔宋〕鄭樵著〔宋〕馬端臨著　清光緒十九年（1893）雙門底英閣刻本　全1冊　26.4cm×15.8cm　版框21.3cm×13.8cm　十行　二十四字　粗黑口　左右雙邊　單順黑魚尾

索書號：史275　排架號：4-3-4
古今史論大觀□□卷　〔清〕繆筱珊鑒定〔清〕雷瑨編輯　清刻本　存1冊（卷五至七）總冊數不詳　16.9cm×9.8cm　版框14.4cm×8.9cm　十八行　四十字　白口　四周雙邊　單順黑魚尾

索書號：善38　排架號：30-2-5
嘯亭雜錄八卷續二卷　〔清〕昭槤輯　清刻本　全12冊　19.7cm×12.4cm　版框14.6cm×10.2cm　九行　二十五字　白口　四周單邊　單順黑魚尾

詔令奏議類

索書號：史206　排架號：9-2-3
十朝聖訓九百二十二卷　未署撰者　清刻本　存84冊（世祖章皇帝聖訓卷一至六　聖祖仁皇帝聖訓卷一至四十　世宗憲皇帝聖訓卷一至三十六　高宗純皇帝聖訓卷一至三十二　卷四十三至六十二　卷一百五十一至三百　仁宗睿皇帝聖訓卷一至六十二　卷七十一至一百一十

宣宗成皇帝聖訓卷一至一百三十　文宗顯皇帝聖訓卷一至十八　卷二十九至四十　卷五十三至一百一十　穆宗毅皇帝聖訓卷一至一百六十）總冊數不詳　19.9cm×13cm　版框16.1cm×10.9cm　二十一行　四十五字　白口　四周單邊

傳記類

索書號：史48　排架號：1-4-3
南北史世系表五卷　〔清〕周嘉猷撰　清刻本　存2冊（卷四至五）總冊數不詳　28.7cm×18cm　版框22cm×15.8cm　十一行　二十四字　粗黑口　四周單邊　單順黑魚尾

索書號：史55　排架號：1-4-5
歷代名儒傳八卷　〔清〕李清植纂〔清〕朱軾訂〔清〕蔡世遠訂〔清〕朱玲重刊　清刻本　存5冊（卷一至八）總冊數不詳　27cm×15.3cm　版框18.7cm×13.5cm　九行　二十一字　白口　左右雙邊　雙對黑魚尾　冊1封面殘損

索書號：史56　排架號：1-4-5
歷代名臣傳三十五卷　〔清〕李清植纂〔清〕朱軾訂〔清〕蔡世遠訂〔清〕朱玲重刊　清刻本　存22冊（卷一至十四　卷十七至十八　卷二十三　卷二十五至二十八　卷三十至三十五）總冊數不詳　27cm×15.5cm　版框19.6cm×13cm　九行　二十二字　白口　左右雙邊　雙對黑魚尾　冊13封面殘損，冊22封底殘損，冊9、冊20封面封底殘損

索書號：史57　排架號：1-4-5
歷代循吏傳八卷　〔清〕朱軾撰　清刻本　全6冊　27cm×15.5cm　版框19.5cm×13.2cm　九行　二十二字　白口　四周單邊　雙對黑魚尾

索書號：史94　排架號：7-1-3
趙文恪公遺集一卷　〔清〕趙光撰　清刻本　全2冊　24.5cm×15.6cm　版框18.4cm×15.2cm　九行　二十一字　白口　四周雙邊　單順黑魚尾

索書號：史167　排架號：8-5-1
國朝先正事略六十卷　〔清〕李元度纂　清同治五年（1866）循陔林堂刻本　存21冊（卷一至六十）共24冊　23.8cm×15.2cm　版框19.5cm×13.2cm　十行　二十四字　白口　左右雙邊　單順黑魚尾　冊20缺頁

索書號：史240　排架號：4-1-4
普天忠憤集十四卷　〔清〕孔廣德編定　清光緒二十一年（1895）刻本　存7冊（卷一至二　卷六至九　卷十三）總冊數不詳　17cm×10cm　版框13cm×9cm　十五行　三十二字　白口　四周雙邊　單順黑魚尾

索書號：善29　排架號：30-2-3
請纓日記十卷　〔清〕唐景崧撰　清刻本　全4冊　23.1cm×13.1cm　版框

索書號：史184　排架號：3-4-2
欽定續通志六百四十卷　〔清〕曹仁虎等撰　清光緒二十七年（1901）上海圖書集成局刻本　存49冊（卷一至四十六　卷五十七至一百一十八　卷一百三十至一百六十八　卷一百七十四一百八十　卷二百零一至二百四十　卷三百五十七至四百一十六　卷四百三十一至五百三十七）總冊數不詳　19.5cm×13.1cm　版框16.5cm×11.6cm　十六行　四十字　白口　四周單邊　雙對黑魚尾　冊5殘損

索書號：史184-1　排架號：3-4-2
欽定續通志六百四十卷　〔清〕曹仁虎等撰　清刻本　存49冊（卷二百九十六至四百八十五）總冊數不詳　19.5cm×13.1cm　版框16.5cm×11.6cm　十六行　四十字　白口　四周單邊　單順黑魚尾

索書號：史187　排架號：3-4-6
欽定續通典□□卷　〔清〕嵇璜撰〔清〕曹仁虎撰　清刻本　全24冊　19.7cm×13.2cm　版框16.5cm×11.6cm　十六行　四十三字　白口　四周單邊　雙對黑魚尾

索書號：史188　排架號：3-4-6
文獻通考三百四十八卷附欽定通考考證三卷　〔元〕馬端臨著　清光緒二十七年（1901）上海圖書集成局刻本　存42冊（卷一至四　卷十二至七十二　卷七十九至三百四十八）總冊數不詳

19.8cm×13.1cm　版框16.5cm×12cm　十六行　四十三字　白口　四周單邊　雙對黑魚尾

索書號：史189　排架號：3-5-2
文獻通考三百四十八卷　〔元〕馬端臨著　清光緒二十六年（1900）上海鴻寶書局刻本　全32冊　19.7cm×13.2cm　版框16.4cm×11.6cm　二十二行　四十八字　白口　四周單邊　單順黑魚尾

索書號：史190　排架號：3-5-3
欽定續文獻通考二百五十卷　〔清〕嵇璜等纂修　清刻本　全24冊　19.8cm×13.2cm　版框16.6cm×11.5cm　二十二行　四十八字　白口　四周單邊　單順黑魚尾

索書號：史191　排架號：3-5-4
欽定續文獻通考二百五十卷　〔清〕嵇璜等纂修　清光緒二十七年（1901）上海圖書集成局刻本　存26冊（卷一至三十三　卷四十七至五十　卷六十五至八十六　卷九十四至一百　卷一百零七　卷一百一十三　卷一百二十一至一百四十　卷一百七十六至二百零九　卷二百一十一至二百三十六　卷二百四十三至二百五十）總冊數不詳　19.8cm×13cm　版框16.5cm×11.6cm　十六行　四十三字　白口　四周單邊　雙對黑魚尾

索書號：史192　排架號：3-5-5
皇朝文獻通考□□卷　〔清〕弘曆敕撰

雲南省會澤縣圖書館館藏古籍目錄

清刻本　存34册（卷十三至二十五　卷四十四至七十六　卷八十四至九十　卷一百零五至一百六十三　卷一百七十至一百九十一　卷一百九十五至二百三十八　卷二百四十六至二百六十一　卷二百六十九至三百）共35册　19.9cm×13cm　版框16.8cm×12.3cm　十六行　四十三字　白口　四周單邊　雙對黑魚尾

索書號：史193　排架號：3-6-1
皇朝文獻通考三百卷　〔清〕弘曆敕撰　清光緒二十六年（1900）上海鴻寶書局刻本　全32册　19.6cm×13.4cm　版框16.5cm×12cm　二十二行　四十六字　白口　四周單邊　單順黑魚尾

索書號：史194　排架號：3-6-2
欽定續通志六百四十卷　〔清〕曹仁虎等撰　清刻本　存36册（卷一至九十六　卷一百七十五至二百九十五　卷四百八十六至五百二十一　卷五百九十四至六百四十）總册數不詳　19.6cm×13.2cm　版框16.4cm×11.2cm　二十二行　四十六字　白口　四周單邊　單順黑魚尾

索書號：史194-1　排架號：3-6-2
欽定續通志六百四十卷　〔清〕曹仁虎等撰　清刻本　存36册（卷二百四十一至三百五十六　卷五百三十八至六百四十）總册數不詳　19.6cm×13.2cm　版框16.4cm×11.2cm　十六行　四十三字　白口　四周單邊　雙對黑魚尾

索書號：史195　排架號：3-6-3
皇朝通典一百卷　〔清〕弘曆敕撰　清光緒二十七年（1901）上海圖書集成局刻本　存9册（卷一至五十五　卷七十二至八十四　卷九十至一百）總册數不詳　20cm×13cm　版框16.6cm×12.4cm　十六行　四十三字　白口　四周單邊　雙對黑魚尾

索書號：史247　排架號：4-1-5
萬國公法四卷　〔美國〕惠頓撰〔美國〕丁韙良譯　清同治三年（1864）京都崇實館存版刻本　全4册　29cm×17.5cm　版框20.8cm×15.8cm　十行　二十一字　白口　四周雙邊　單順黑魚尾

索書號：史248　排架號：4-1-6
通商約章類纂三十五卷　〔清〕徐宗亮編　清光緒十八年（1892）廣東善後局刊行本　存15册（卷一至十四　卷二十二至二十八　卷三十一至三十五）共20册　27.1cm×16.4cm　版框19.2cm×12.7cm　十行　二十四字　粗黑口　四周單邊　册35封底殘損

索書號：史249　排架號：4-1-6
列國歲計政要十二卷　〔英國〕麥丁富得力編纂〔美國〕林樂知譯〔清〕鄭昌棪筆述　清江南制造總局鋅版刻本　全6册　27.5cm×16.8cm　版框18.5cm×13.7cm　十行　二十二字　粗黑口　左右雙邊　雙對黑魚尾

索書號：史250　排架號：4-2-1
新譯日本法規大全二十五類　〔清〕錢恂編纂〔清〕董宏悼編纂　清光緒十三年（1887）上海商務印書館印行本　存67冊（二至十一類　十四至二十五類）共80冊　26.5cm×15.2cm　版框18.3cm×12.2cm　十五行　三十六字　細黑口　四周雙邊　單順黑魚尾　冊43殘損

索書號：史251　排架號：4-2-3
新譯西洋兵書五種附操法炮表　〔美國〕金楷理口譯〔清〕李鳳苞筆述　清光緒二十年（1894）三益齋校刊本　存12冊（克虜伯炮說　水師操練四至十八　行軍測繪一至十　防海新論　御風要術一至二）總冊數不詳　25.8cm×15.4cm　版框15.8cm×13.4cm　十行　二十二字　粗黑口　左右雙邊　雙對黑魚尾

索書號：史266　排架號：4-3-3
通商約章成案彙編□□卷　〔清〕李鴻章輯　清刻本　存2冊（卷二十三至二十九）總冊數不詳　19.7cm×12.9cm　版框16.5cm×10.9cm　十六行　四十三字　白口　四周單邊　雙對黑魚尾

索書號：史276　排架號：4-3-4
日本變法全史二十二卷　〔清〕陳恭祿著　清光緒二十八年（1902）通文局石印本　存15冊（卷十至十一）共16冊　15.2cm×10cm　版框12.9cm×9.5cm　十行　二十字　白口　四周單邊　單順黑魚尾

索書號：善2　排架號：30-1-1
全滇義學彙記二冊　未署撰者　清雍正十二年（1734）刻本　全2冊　27cm×18.5cm　版框22cm×16.1cm　十行　二十一字　白口　四周雙邊　單順黑魚尾

索書號：善17　排架號：30-1-4
名法指掌增訂二卷　〔清〕沈辛田纂輯　清刻本　存2冊（卷上　增丁卷）共3冊　25.2cm×15.5cm　版框19.3cm×14cm　十行　二十四字　白口　四周單邊　單順黑魚尾

目錄類

索書號：史2　排架號：6-1-3
御批通鑒輯覽一百二十卷　〔清〕傅恆撰　清蜀西蘊古齋重校刊本　存70冊（卷一至七十八　卷九十一至一百二十）共80冊　26cm×17cm　版框17.8cm×13.3cm　十一行　二十一字　白口　四周雙邊　雙順黑魚尾

索書號：史50　排架號：1-4-3
補遼金元藝文志一卷　〔清〕倪燦撰　清光緒十七年（1891）廣雅書局刻本　存1冊（卷一）總冊數不詳　28.7cm×18cm　版框20.9cm×15.4cm　十一行　二十四字　粗黑口　四周單邊　單順黑魚尾

索書號：史51　排架號：1-4-3
補元史藝文志四卷　〔清〕錢大昕撰
清光緒十九年（1893）廣雅書局刻本
存1冊（卷一至四）總冊數不詳
28.7cm×18cm　版框21.3cm×15.6cm
十一行　二十四字　粗黑口　四周單邊
單順黑魚尾

索書號：史53　排架號：1-4-3
歷代帝王年表一卷　〔清〕齊召南撰
〔清〕阮福續　清道光四年（1824）刻本
存4冊（卷一）總冊數不詳
26cm×15.3cm　版框19.4cm×13cm
八行　三十四字　白口　左右雙邊　雙
對黑魚尾

索書號：史76　排架號：1-6-1
國語校注本三種□□卷　〔清〕汪遠孫撰
清道光二十六年（1846）刻本　存6冊
（輯存四卷　發正二十一卷　改異四卷）
總冊數不詳　26.7cm×15.6cm　版框
16.7cm×12.2cm　十行　二十一字
白口　左右雙邊　單順黑魚尾　冊6封
面殘損

索書號：史83　排架號：1-6-4
欽定中樞政考四十卷　〔清〕明亮纂修
清刻本　存37冊（卷一至五　卷七至十
卷十二至三十七　卷三十九至四十）共
40冊　26.2cm×16.6cm　版框
26.2cm×16.6cm　十行　十七字　白口
冊3、冊7至8、冊10至13、冊15
至16、冊22至23、冊26、冊30、冊
33封面殘損，冊5、冊25、冊32封底
殘損，冊14、冊18封面封底殘損

索書號：史92　排架號：7-1-3
明紀綱目二十卷　〔清〕朱荃編修　清
光緒二十九年（1903）京都琉璃廠梓
行本　全4冊　23.8cm×15cm　版框
18.4cm×13.8cm　十四行　二十八字
白口　左右雙邊　單順黑魚尾

索書號：史97　排架號：7-1-4
四裔編年表四卷　〔美國〕林樂知譯
〔清〕嚴良勳譯〔清〕李鳳苞彙編　清
刻本　全4冊　28.3cm×22.8cm　版框
28.3cm×22.8cm　行數不等　字數不等
白口　左右雙邊　首冊封面及內頁、冊
3封面大塊污漬

索書號：史119　排架號：7-2-2
古本歷史大方綱鑒補二卷　〔明〕袁黃纂
清刻本　存2冊（卷一至十五　卷十七）
總冊數不詳　24.3cm×15.6cm　版框
18.7cm×15.6cm　十四行　二十八字
白口　左右雙邊　單順黑魚尾

索書號：史120　排架號：7-2-2
史學綱鑒五卷　〔宋〕黃成性著〔清〕
楊天常注　清桂雲堂刻本　存2冊（卷
一至五）總冊數不詳　24.1cm×16.8cm
版框19.8cm×15cm　八行　二十四字
白口　左右雙邊　單順黑魚尾　冊1封
面殘損

版框 18.4cm×13.7cm　十行　二十二字　細黑口　左右雙邊　雙對黑魚尾

索書號：子139　排架號：14-1-5
水師操練十八卷首一卷〔英國〕傅蘭雅口譯〔清〕徐建寅筆述　清江南機器制造總局藏版刻本　全3冊　27.3cm×16.8cm　版框 18.6cm×13.6cm　十行　二十二字　細黑口　左右雙邊　雙對黑魚尾

索書號：子235　排架號：14-5-3
孫子兵法十三卷附孫子敍錄一卷〔清〕畢以珣撰　清刻本　全6冊　26.9cm×16.4cm　版框 18.2cm×14.4cm　十二行　二十一字至二十四字不等　粗黑口　四周單邊　雙對黑魚尾

法家類

索書號：子19　排架號：15-3-2
管子二十四卷〔春秋〕管仲撰　清光緒元年（1875）湖北崇文書局刻本　全4冊　26.7cm×17.2cm　版框 19.2cm×14.8cm　十二行　二十四字　粗黑口　四周雙邊　雙對黑魚尾

索書號：子20　排架號：15-3-2
晏子春秋八卷〔春秋〕晏嬰撰　清光緒元年（1875）湖北崇文書局刻本　全2冊　26.7cm×17.2cm　版框 19cm×14.8cm　十二行　二十四字　粗黑口　四周雙邊　雙對黑魚尾

索書號：子21　排架號：15-3-2
商子五卷〔戰國〕商鞅撰　清光緒元年（1875）湖北崇文書局刻本　全1冊　26.7cm×17.2cm　版框 19.5cm×14.8cm　十二行　二十四字　粗黑口　四周雙邊　雙對黑魚尾

索書號：子22　排架號：15-3-2
鄧子一卷〔周〕鄧析撰〔明〕楊慎評注
尸子二卷〔清〕孫星衍校輯　清光緒元年（1875）湖北崇文書局刻本　全1冊　26.7cm×17.2cm　版框 19cm×14.9cm　十二行　二十四字　粗黑口　四周雙邊　雙對黑魚尾

索書號：子58　排架號：15-4-1
管子二十四卷〔春秋〕管仲撰〔唐〕房玄齡注〔明〕劉績補　清光緒二年（1876）浙江書局刻本　全6冊　24.1cm×15.3cm　版框 18.3cm×13.3cm　九行　二十一字至三十一字不等　白口　左右雙邊　單順黑魚尾

索書號：子71　排架號：15-4-3
商君書五卷〔戰國〕商鞅撰〔清〕嚴萬裏校　清光緒二年（1876）浙江書局刻本　全1冊　24.1cm×15.3cm　版框 18.4cm×13.2cm　九行　二十一字　白口　左右雙邊　單順黑魚尾

索書號：子72　排架號：15-4-3
揚子法言十卷附揚子法言音義一卷〔漢〕揚雄撰〔晉〕李軌注　清光緒二

年（1876）浙江書局刻本　全 1 冊
24.1cm×15.3cm　版框 18.4cm×13.2cm
九行　二十一字至三十二字不等　白口
左右雙邊　單順黑魚尾

索書號：子 82　排架號：15-5-1
韓非子二十卷　〔戰國〕韓非撰〔元〕
何犿注　清嘉慶九年（1804）寶慶經綸
堂藏版刻本　存 3 冊（卷一至十五）共
4 冊　28.5cm×18.3cm　版框
17.5cm×13.8cm　十一行　二十一字至
三十三字不等　細黑口　四周單邊

索書號：子 93　排架號：15-6-3
管子二十四卷　〔春秋〕管仲撰〔唐〕
房玄齡注〔明〕劉績補　清光緒二年
（1876）浙江書局刻本　全 8 冊
25cm×15.2cm　版框 18.7cm×13.5cm
九行　二十一字至三十字不等　白口
左右雙邊　單順黑魚尾

索書號：子 104　排架號：15-6-5
揚子法言十卷附揚子法言音義一卷
〔漢〕揚雄撰〔晉〕李軌注〔唐〕柳宗
元注　清光緒二年（1876）浙江書局
刻本　全 1 冊　25cm×15.3cm　版框
18.6cm×13.3cm　九行　二十一字至
二十八字不等　白口　左右雙邊　單順
黑魚尾

索書號：子 109　排架號：14-1-1
商君書五卷附考　〔戰國〕商鞅撰〔清〕
嚴萬里校　清光緒二年（1876）浙江書

局刻本　全 1 冊　25cm×15.3cm　版框
17.8cm×13.2cm　九行　二十一字　白口
左右雙邊　單順黑魚尾

索書號：子 151　排架號：14-2-1
洗冤錄詳義□□卷　〔清〕許璉撰　清
刻本　存 1 冊（存一卷）總冊數不詳
25.5cm×16cm　版框 18.8cm×13.6cm
九行　字數不等　白口　左右雙邊　單
順黑魚尾

農家類

索書號：子 23　排架號：15-3-2
齊民要術十卷　〔北魏〕賈思勰撰　清
光緒元年（1875）湖北崇文書局刻本
全 4 冊　26.7cm×17.2cm　版框
18.9cm×15cm　十二行　二十四字　粗
黑口　四周雙邊　雙對黑魚尾

索書號：子 133　排架號：14-1-3
蠶桑淺要二卷　〔清〕林志恂著　清光
緒三十年（1904）極存雲南蠶雜學堂
刻本　全 1 冊　28cm×15.7cm　版框
20.9cm×12.9cm　九行　二十四字
白口　四周雙邊　單順黑魚尾

索書號：子 174　排架號：14-2-4
蠶桑白話二卷　〔清〕陳幹材撰〔清〕
徐謙山撰　清宣統二年（1910）刻本
全 1 冊　26.7cm×15.1cm　版框
19.5cm×12.5cm　十行　字數不等
白口　四周單邊　單順黑魚尾

醫家類

索書號：子 106　排架號：15-6-5
黃帝內經素問二十四卷附素問遺篇
〔唐〕王冰注〔宋〕林億校〔宋〕孫奇校〔宋〕高保衡校〔宋〕孫兆重改　清刻本　存 7 冊（卷一至三　卷十一至二十四）共 9 冊　25cm×15.3cm　版框 18.4cm×13.5cm　九行　字數不等　白口　左右雙邊　單順黑魚尾

索書號：子 107　排架號：15-6-5
黃帝內經靈樞十二卷　〔唐〕王冰注
清刻本　全 3 冊　25cm×15.3cm　版框 18.4cm×13.3cm　九行　二十一字　白口　左右雙邊　單順黑魚尾

索書號：子 112　排架號：14-1-1
藥性賦□□卷　〔金〕李杲撰〔元〕熊宗立纂〔明〕唐富春重梓　清刻本　存 1 冊（卷二至三）總冊數不詳　23.5cm×15.5cm　版框 20cm×14.3cm　十行　字數不等　白口　四周單邊

索書號：子 113　排架號：14-1-1
太醫院補遺本草歌訣雷公炮制□□卷
〔明〕余應奎撰　清刻本　存 2 冊（卷四至八）總冊數不詳　23.5cm×15.5cm　版框 19.8cm×14cm　十一行　二十字　白口　四周單邊　單順黑魚尾

索書號：子 114　排架號：14-1-1

脈訣規正二卷　〔清〕沈微垣注　清文誠堂版刻本　全 2 冊　23.5cm×15.8cm　版框 19.4cm×13.4cm　十行　二十三字　白口　四周單邊　單順黑魚尾

索書號：子 115　排架號：14-1-1
診家正眼□□卷本草通元□□卷　〔明〕李中梓撰〔清〕尤乘補　清康熙五十七年（1718）東溪堂刻本　存 2 冊（診家正眼卷上　本草通元卷下）總冊數不詳　23.8cm×15.3cm　版框 18cm×13cm　九行　二十二字　細黑口　四周單邊　單順黑魚尾

索書號：子 116　排架號：14-1-1
壽世青編□□卷　〔清〕尤乘纂　清刻本　存 1 冊（卷下）總冊數不詳　23.8cm×15.1cm　版框 18cm×13cm　九行　二十二字　細黑口　四周單邊　單順黑魚尾

索書號：子 117　排架號：14-1-1
四聖心源□□卷　〔清〕黃元御著　清刻本　存 1 冊（卷六到十）總冊數不詳　24.7cm×15.4cm　版框 18.1cm×13.5cm　十二行　字數不等　白口　左右雙邊　單順黑魚尾

索書號：子 118　排架號：14-1-1
素靈微蘊四卷　〔清〕黃元御著　清刻本　全 1 冊　23cm×14.1cm　版框 18cm×11.6cm　十行　二十四字　白口　左右雙邊　單順黑魚尾

索書號：子119　排架號：14-1-1

傷寒懸解十四卷末一卷　〔清〕黃元御著
清刻本　存1冊（卷十到十四）總冊數不詳　23cm×14.2cm　版框18cm×11.7cm　十行　字數不等　白口　左右雙邊　單順黑魚尾

索書號：子120　排架號：14-1-1

金匱懸解二十二卷　〔清〕黃元御著
清刻本　存2冊（卷一至七　卷十四至二十二）總冊數不詳　23cm×14.2cm　版框18.1cm×12cm　十行　二十四字　白口　左右雙邊　單順黑魚尾

索書號：子121　排架號：14-1-1

長沙藥解四卷　〔清〕黃元御著　清刻本　全2冊　23cm×14.1cm　版框17.7cm×11.5cm　十行　二十四字　白口　左右雙邊　單順黑魚尾

索書號：子122　排架號：14-1-2

四聖懸樞五卷　〔清〕黃元御著　清刻本　全1冊　23.1cm×14.1cm　版框18.4cm×11.7cm　十行　二十四字　白口　左右雙邊　單順黑魚尾

索書號：子123　排架號：14-1-2

四聖心源十卷　〔清〕黃元御著　清刻本　全2冊　23.1cm×14.1cm　版框18.2cm×11.5cm　十行　二十四字　白口　左右雙邊　單順黑魚尾

索書號：子124　排架號：14-1-2

女科要旨□□卷　〔清〕陳修園撰　清刻本　存1冊（卷三至四）總冊數不詳　22cm×12.4cm　版框16.7cm×10.8cm　十行　二十六字　白口　四周雙邊　單順黑魚尾

索書號：子125　排架號：14-1-2

東垣十書□□卷　〔金〕李杲彙輯〔明〕王宇泰訂正　清翠華堂藏版刻本　存6冊（卷一至六　卷十至十七　卷二十至二十一）總冊數不詳　24.6cm×16.5cm　版框19.7cm×14.5cm　十一行　二十五字　白口　四周單邊　單順黑魚尾

索書號：子126　排架號：14-1-2

東垣十書□□卷　〔金〕李杲彙輯〔明〕王宇泰訂正　清刻本　存6冊（卷一至二　卷四至五　卷八至十　卷十四至十五　卷十七　卷二十至二十一）總冊數不詳　25.1cm×16cm　版框19.7cm×14.5cm　十一行　二十五字　白口　四周單邊　單順黑魚尾　冊1、冊2殘損

索書號：子127　排架號：14-1-2

素問靈樞類纂約注三卷　〔明〕汪昂輯　清光緒六年（1880）江左書林藏版刻本　全1冊　24cm×15cm　版框21cm×13.7cm　八行　二十二字　白口　四周單邊

索書號：子128　排架號：14-1-2

醫學集成□□卷　〔清〕劉仕廉纂〔清〕李培鬱校　清刻本　存3冊（卷二至四）

總冊數不詳　26.5cm×17cm　版框18.5cm×13.3cm　九行　字數不等　白口　左右雙邊　單順黑魚尾

索書號：子129　排架號：14-1-2
國朝漢學師承記八卷附國朝經師經義目錄　〔清〕江藩纂　清光緒二十二年（1896）長沙周大文堂刻本　存2冊（卷一至五）共4冊　25.8cm×15.5cm　版框17.2cm×13cm　十三行　二十五字　細黑口　左右雙邊　單順黑魚尾

索書號：子130　排架號：14-1-3
學案小識十四卷　〔清〕唐鑒清撰　清光緒十年（1884）四砭齋刻本　存11冊（卷一至四　卷六至十四）共12冊　26cm×15.9cm　版框17.6cm×14.3cm　十行　二十一字　白口　左右雙邊　雙對黑魚尾

索書號：子131　排架號：14-1-3
御纂醫宗金鑒□□卷　〔清〕吳謙纂　清刻本　存8冊（卷二　卷十二至十七　卷六十四）總冊數不詳　26.5cm×17.3cm　版框23.6cm×15.5cm　九行　十七字　白口　四周雙邊　單順黑魚尾　冊2至5殘損

索書號：子140　排架號：14-1-5
西藝知新續集□□卷　〔英國〕傅蘭雅口譯〔清〕徐壽筆述　清江南機器制造總局藏版刻本　存6冊（卷十一　卷十五至二十一）總冊數不詳　27.4cm×16.7cm

版框18.5cm×13.6cm　十行　二十二字　細黑口　左右雙邊　雙對黑魚尾

索書號：子142　排架號：14-1-5
婦科精蘊圖説五卷　〔美國〕妥瑪氏撰〔美國〕嘉約翰校正　清光緒十五年（1889）廣州羊城博濟醫局藏版刻本　存4冊（卷一至二　卷四至五）共5冊　24.2cm×13cm　版框15.2cm×11.6cm　十行　二十三字　白口　四周雙邊　單順黑魚尾　冊4殘損

索書號：子143　排架號：14-2-1
西藥略釋□□卷　〔清〕孔繼良撰〔英國〕嘉約翰校正　清光緒十二年（1886）廣州羊城博濟醫局藏版刻本　存2冊（卷一　卷四）總冊數不詳　24.3cm×13.2cm　版框15.3cm×11.7cm　十行　字數不等　白口　四周雙邊　單順黑魚尾

索書號：子144　排架號：14-2-1
内科闡微不分卷　〔美國〕嘉約翰口譯〔清〕林湘東筆述　清光緒十五年（1889）廣州羊城博濟醫局藏版刻本　全1冊　24.2cm×13.7cm　版框15.1cm×11.3cm　九行　二十五字　白口　四周雙邊　單順黑魚尾

索書號：子145　排架號：14-2-1
壽世保元十卷　〔明〕龔廷賢撰〔明〕周亮登校　清振賢堂藏版刻本　存3冊（卷一　卷五　卷七）共10冊

24.1cm×15.8cm　版框19.7cm×12.8cm
十四行　三十字　白口　四周單邊　單順黑魚尾

索書號：子146　排架號：14-2-1
内科新説二卷　〔英國〕合信氏著〔清〕管茂材同撰　清咸豐八年（1858）江蘇上海仁濟醫館藏版刻本　全1册
24cm×15.2cm　版框19cm×13.3cm
十行　二十四字　白口　四周雙邊　單順黑魚尾

索書號：子147　排架號：14-2-1
西醫略論三卷　〔英國〕合信氏著〔清〕管茂材同撰　清咸豐七年（1857）江蘇上海仁濟醫館藏版刻本　全1册
24cm×15.2cm　版框19.1cm×13.5cm
十行　二十四字　白口　四周雙邊　單順黑魚尾

索書號：子148　排架號：14-2-1
全體新論不分卷　〔英國〕合信氏著〔清〕陳修堂同撰　清咸豐元年（1851）江蘇上海墨海書館藏版刻本　全1册
24cm×15.3cm　版框20.2cm×14cm
十行　二十四字　白口　四周雙邊　單順黑魚尾

索書號：子149　排架號：14-2-1
婦嬰新説不分卷　〔英國〕合信氏著〔清〕管茂材同撰　清咸豐八年（1858）江蘇上海仁濟醫館藏版刻本　全1册
24.2cm×15.2cm　版框19.4cm×13.1cm
十行　二十四字　白口　四周雙邊　單順黑魚尾

索書號：子158　排架號：14-2-2
回生集二卷　〔清〕陳傑輯　清刻本
存1册（卷下）總册數不詳
25.9cm×15.8cm　版框17.9cm×13.2cm
十行　二十二字　白口　左右雙邊　單順黑魚尾

索書號：子164　排架號：14-2-3
醫學三字秘訣不分卷　〔清〕陳修園撰　清東川濟生堂保安醫館藏版刻本　全1册
25cm×15.5cm　版框19.7cm×12.5cm
九行　二十字　粗黑口　四周雙邊　雙對黑魚尾

索書號：子170　排架號：14-2-3
全體闡微三卷　〔美國〕柯爲良編譯〔清〕林鼎文編譯　清刻本　全3册
27.3cm×18cm　版框21.3cm×15.5cm
十二行　二十七字　白口　四周雙邊　單順黑魚尾

索書號：子186　排架號：14-3-3
景岳全書六十四卷　〔明〕張介賓撰　清經國堂藏版刻本　全23册
19.1cm×11.3cm　版框13.3cm×9.4cm
十行　二十三字　白口　四周單邊　單順黑魚尾

索書號：子190　排架號：14-3-4
御纂醫宗金鑒九十卷　〔清〕吳謙纂

索書號：子226　排架號：14-5-1
嵩厓尊生全書十五卷　〔清〕景日昣纂著
清上海掃葉山房藏版刻本　存5冊（卷一至十三）總冊數不詳　24.7cm×15.7cm　版框21.7cm×14.5cm　十三行　二十八字　白口　四周單邊　單順黑魚尾

索書號：子231　排架號：14-5-3
河洛理數七卷　〔宋〕陳摶撰〔宋〕邵雍述〔明〕史應選重訂　清刻本　全6冊　24.1cm×15.3cm　版框18cm×14cm　十行　二十字　白口　四周單邊　單順黑魚尾

索書號：子233　排架號：14-5-3
乾坤法竅三冊　〔晉〕郭景純著〔清〕范宜賓評注　清乾隆三十一年（1766）品聚堂藏版刻本　全3冊　24.2cm×16.5cm　版框18.6cm×14.8cm　十一行　二十二字　白口　四周雙邊　單順黑魚尾

術數類

索書號：子24　排架號：15-3-2
太元經十卷　〔漢〕揚雄撰　清光緒元年（1875）湖北崇文書局刻本　全2冊　26.7cm×17.2cm　版框19cm×15cm　十二行　二十四字　細黑口　四周雙邊　雙對黑魚尾

索書號：善9　排架號：30-1-3
張果星宗命格大全十卷　未署撰者　明萬曆年間逢敦李氏大興新梓刻本　全5冊

25.3cm×16.4cm　版框21.4cm×14.3cm　十二行　二十三字　白口　四周單邊　單順黑魚尾

藝術類

索書號：子132　排架號：14-1-3
篆刻入門八章　孔雲白著　民國刻本　全1冊　26.5cm×15cm　版框18.1cm×12.2cm　十一行　二十八字　白口　四周單邊　單順黑魚尾

索書號：子206　排架號：14-4-1
桐陰論畫二卷首一卷附續桐蔭論畫一卷　〔清〕秦祖永著　清同治三年（1864）刻本　全3冊　18.7cm×15cm　版框13cm×10.8cm　七行　十八字　粗黑口　左右雙邊

索書號：子221　排架號：14-4-2
芥子園畫譜□□卷　〔清〕沈心友等撰　清刻本　存1冊（卷七至九）總冊數不詳　22cm×13.4cm　版框17.5cm×11.5cm　行數不等　字數不等　白口　四周單邊　單順黑魚尾

索書號：善23　排架號：30-2-1
小蓬萊閣金石文字不分卷　〔清〕黃易輯　清嘉慶五年（1800）刻本　全5冊　27cm×15.5cm　版框21cm×12.6cm　三行　六字　白口　四周單邊

索書號：藝1　排架號：19-1-1

唐懷素草書帖一卷　〔唐〕懷素撰　清刻本　全1册　34.1cm×19.6cm　版框26cm×14cm　三行　白口

索書號：藝2　排架號：19-1-1
大元敕御服之碑一卷　未署撰者　清刻本　全1册　35.4cm×19.6cm　版框28.8cm×14.3cm　四行　八字　白口

索書號：藝3　排架號：19-1-1
米南宮十七帖一卷　未署撰者　清刻本　全1册　26.6cm×12.9cm　版框26.3cm×12.9cm　八行　十二字　黑口

索書號：藝4　排架號：19-1-2
神道碑一卷　未署撰者　清刻本　全1册　37.1cm×19cm　版框30cm×15.2cm　三行　六字　白口

索書號：藝5　排架號：19-1-2
朱熹黃山谷孫過庭書帖合卷一卷　未署撰者　清刻本　全1册　30.2cm×17.5cm　版框25cm×14.5cm　二行　白口

索書號：藝6　排架號：19-1-2
唐順陵碑孤本四卷　未署撰者　民國九年（1920）上海中華書局刻本　全4册　31cm×175cm　版框30cm×15.4cm　三行　五字　白口

索書號：藝7　排架號：19-1-3
宋拓石鼓文一卷　未署撰者　民國八年（1919）上海中華書局刻本　全1册　33.1cm×22.2cm　版框28.5cm×15.4cm　三行　五字　白口

索書號：藝8　排架號：19-1-3
寶墠高本人墨書合卷一卷　未署撰者　清刻本　全1册　25cm×15.1cm　版框17.5cm×11.7cm　六行　十二字　白口

索書號：藝11　排架號：19-1-4
隸書字法篆書字法合一卷　未署撰者　清刻本　全1册　30.2cm×17.6cm　版框25cm×14.5cm　二行　白口

索書號：藝12　排架號：19-1-4
長橫軸行草一卷　未署撰者　清刻本　全1册　36.1cm　版框29.2cm　卷首缺失

索書號：善28　排架號：30-2-2
寶硯堂硯辨不分卷　〔清〕何傳瑤撰　〔清〕黃培芳繪圖　清刻本　全1册　25.2cm×13.4cm　版框19.3cm×11cm　八行　二十二字　白口　四周雙邊　單順黑魚尾

譜録類

索書號：子230　排架號：14-5-2
二如亭羣芳譜四部　〔明〕王象晉編　〔明〕陳繼儒校　清書業古講堂藏版刻本　存23册（元亨利三部　貞部花譜卷一至四）總册數不詳　25.7cm×16.4cm　版框19cm×14.5cm　八行　十八字

白口　左右雙邊　單順黑魚尾

索書號：善1　排架號：30-1-1
述古堂印譜十二卷　未署撰者　清道光十八年（1838）臨賴古堂刻本　全6冊　29.5cm×17.8cm　版框22.9cm×14.5cm　八行　十六字　白口　四周雙邊　單順黑魚尾

索書號：藝10　排架號：19-1-4
介葊印譜一卷　未署撰者　清宣統二年雲南崇文印書館刻本　全1冊　28.5cm×18cm　版框24cm×155cm　七行　十二字　白口

雜家類

索書號：子25　排架號：15-3-2
鬻子一卷補一卷　〔唐〕逢行珪注〔明〕楊之森輯補　**計倪子一卷**　〔春秋〕計然撰　**于陵子一卷**　〔戰國〕陳仲子撰　**子華子二卷**　〔春秋〕程本撰　清光緒元年（1875）湖北崇文書局刻本　全1冊　26.7cm×17.2cm　版框18.7cm×14.9cm　十二行　二十四字至四十三字不等　粗黑口　四周雙邊　雙對黑魚尾

索書號：子26　排架號：15-3-2
墨子十六卷　〔戰國〕墨翟撰〔清〕畢沅校注　清光緒元年（1875）湖北崇文書局刻本　全4冊　26.7cm×17.2cm　版框19.1cm×14.8cm　十二行　二十四字　粗黑口　四周雙邊　雙對黑魚尾

索書號：子27　排架號：15-3-2
尹文子一卷　〔戰國〕尹文撰　**慎子一卷**　〔戰國〕慎到撰　**公孫龍子一卷**　〔戰國〕公孫龍撰　**鬼谷子一卷**　〔戰國〕鬼谷子撰　清光緒元年（1875）湖北崇文書局刻本　全1冊　26.7cm×17.2cm　版框19cm×14.8cm　十二行　二十四字　粗黑口　四周雙邊　雙對黑魚尾

索書號：子28　排架號：15-3-2
鶡冠子三卷　〔周〕佚名撰〔宋〕陸佃注　清光緒元年（1875）湖北崇文書局刻本　全1冊　26.7cm×17.2cm　版框18.9cm×14.7cm　十二行　二十四字至四十八字不等　粗黑口　四周雙邊　雙對黑魚尾

索書號：子29　排架號：15-3-2
呂氏春秋二十六卷　〔戰國〕呂不韋撰　清光緒元年（1875）湖北崇文書局刻本　全4冊　26.7cm×17.2cm　版框19.3cm×14.8cm　十二行　二十四字　細黑口　四周雙邊　雙對黑魚尾　冊2殘損

索書號：子30　排架號：15-3-3
淮南子二十一卷　〔漢〕劉安撰　清光緒元年（1875）湖北崇文書局刻本　全4冊　26.7cm×17.2cm　版框19.2cm×14.8cm　十二行　二十四字　粗黑口　四周雙邊　雙對黑魚尾

索書號：子31　排架號：15-3-3

金樓子六卷　〔梁〕梁元帝撰　清光緒元年（1875）湖北崇文書局刻本　全2冊　26.7cm×17.2cm　版框19cm×14.9cm　十二行　二十四字　粗黑口　四周雙邊　雙對黑魚尾

索書號：子32　排架號：15-3-3
劉子二卷　〔北齊〕劉晝撰　清光緒元年（1875）湖北崇文書局刻本　全1冊　26.7cm×17.2cm　版框18.9cm×14.8cm　十二行　二十四字　細黑口　四周雙邊　雙對黑魚尾

索書號：子33　排架號：15-3-3
顏氏家訓二卷　〔北齊〕顏之推撰　清光緒元年（1875）湖北崇文書局刻本　全1冊　26.7cm×17.2cm　版框19.3cm×14.7cm　十二行　二十四字　粗黑口　四周雙邊　雙對黑魚尾

索書號：子34　排架號：15-3-3
獨斷一卷　〔漢〕蔡邕撰　清光緒元年（1875）湖北崇文書局刻本　全1冊　26.7cm×17.2cm　版框18.8cm×14.8cm　十二行　二十四字　粗黑口　四周雙邊　雙對黑魚尾

索書號：子35　排架號：15-3-3
論衡三十卷　〔漢〕王充撰　清光緒元年（1875）湖北崇文書局刻本　全6冊　26.7cm×17.2cm　版框19.4cm×14.8cm　十二行　二十四字　粗黑口　四周雙邊　雙對黑魚尾　冊3封面殘損

索書號：子36　排架號：15-3-3
白虎通四卷　〔漢〕班固纂　清光緒元年（1875）湖北崇文書局刻本　全2冊　26.7cm×17.2cm　版框19cm×14.9cm　十二行　二十四字　粗黑口　四周雙邊　雙對黑魚尾

索書號：子37　排架號：15-3-3
風俗通義十卷　〔漢〕應劭撰　清光緒元年（1875）湖北崇文書局刻本　全2冊　26.7cm×17.2cm　版框19.1cm×15cm　十二行　二十四字　細黑口　四周雙邊　雙對黑魚尾　冊2第81頁殘損

索書號：子38　排架號：15-3-3
牟子一卷　〔漢〕牟融撰　古今注三卷　〔晉〕崔豹撰　清光緒元年（1875）湖北崇文書局刻本　全1冊　26.7cm×17.2cm　版框19.2cm×14.8cm　十二行　二十四字　細黑口　四周雙邊　雙對黑魚尾

索書號：子39　排架號：15-3-3
聱隅子二卷　〔宋〕黃晞撰　懶真子五卷　〔宋〕馬永卿撰　廣成子一卷　〔宋〕蘇軾纂　清光緒元年（1875）湖北崇文書局刻本　全1冊　26.7cm×17.2cm　版框19cm×15cm　十二行　二十四字　細黑口　四周雙邊　雙對黑魚尾

索書號：子40　排架號：15-3-3
叔苴子六卷附叔苴子外編二卷　〔明〕莊元臣撰　清光緒元年（1875）湖北

雲南省會澤縣圖書館館藏古籍目錄

崇文書局刻本　全2冊　26.7cm×17.2cm
版框19.1cm×14.9cm　十二行　二十
四字　細黑口　四周雙邊　雙對黑魚尾

索書號：子41　排架號：15-3-3
鬱離子一卷　〔明〕劉基撰　**空同子一卷**
〔明〕李夢陽撰　**海沂子五卷**　〔明〕
王文禄撰　清光緒元年（1875）湖北
崇文書局刻本　全1冊　26.7cm×17.2cm
版框19.2cm×14.9cm　十二行　二十
四字　粗黑口　四周雙邊　雙對黑魚尾

索書號：子42　排架號：15-3-4
燕丹子三卷　〔燕〕太子丹撰　**玉泉子
一卷**　〔唐〕佚名撰　**金華子二卷**
〔南唐〕劉崇遠撰　清光緒元年（1875）
湖北崇文書局刻本　全1冊
26.7cm×17.2cm　版框18.7cm×15cm
十二行　二十四字至四十七字不等　粗
黑口　四周雙邊　雙對黑魚尾

索書號：子60　排架號：15-4-2
墨子十六卷　〔戰國〕墨翟撰〔清〕畢
沅注　清光緒二年（1876）浙江書局刻本
全4冊　24.1cm×15.3cm　版框
18.3cm×13.3cm　九行　二十一字至三
十三字不等　白口　左右雙邊　單順黑
魚尾

索書號：子62　排架號：15-4-2
淮南子二十一卷　〔漢〕劉安撰〔漢〕
高誘注　清光緒二年（1876）浙江書
局刻本　全6冊　24.1cm×15.3cm

版框18.4cm×13.2cm　九行　二十一
字至二十八字不等　白口　左右雙邊
單順黑魚尾

索書號：子70　排架號：15-4-3
尸子二卷　〔戰國〕尸佼撰〔清〕汪繼培輯
清光緒三年（1877）浙江書局刻本　全
1冊　24.1cm×15.3cm　版框
18.4cm×13.2cm　九行　二十一字至四
十二字不等　白口　左右雙邊　單順黑
魚尾

索書號：子73　排架號：15-4-4
晏子春秋七卷　〔春秋〕晏嬰撰〔清〕
孫星衍校　清光緒元年（1875）浙江書
局刻本　全2冊　24.1cm×15.3cm　版
框18.4cm×13.2cm　九行　二十一字
白口　左右雙邊　單順黑魚尾

索書號：子74　排架號：15-4-4
晏子春秋音義二卷　〔清〕孫星衍撰
清刻本　全1冊　24.1cm×15.3cm
版框18.3cm×13.2cm　九行　二十字
白口　左右雙邊　單順黑魚尾

索書號：子75　排架號：15-4-4
晏子春秋校勘二卷　〔清〕黃以周記
清刻本　全1冊　24.1cm×15.3cm
版框18.3cm×13.2cm　九行　二十字
白口　左右雙邊　單順黑魚尾

索書號：子76　排架號：15-4-4
呂氏春秋二十六卷　〔戰國〕呂不韋撰

〔漢〕高誘注　清光緒元年（1875）浙江書局刻本　全6冊　24.1cm×15.3cm　版框18.4cm×13.2cm　九行　二十二字至四十字不等　白口　左右雙邊　單順黑魚尾

索書號：子83　排架號：15-5-1
淮南子二十一卷　〔漢〕劉安撰〔漢〕高誘注〔清〕莊逵吉校　清嘉慶九年（1804）寶慶經綸堂藏版刻本　全3冊　28.5cm×18.3cm　版框17.8cm×13.9cm　十一行　二十一字至三十七字不等　細黑口　四周單邊　全三冊均有不同程度殘損

索書號：子88　排架號：15-6-1
墨子閑詁十五卷　〔清〕孫詒讓撰　清成都昌福公司刻本　全7冊　26cm×15.8cm　版框16.4cm×12.6cm　十二行　字數不等　白口　四周雙邊　單順黑魚尾

索書號：子89　排架號：15-6-1
墨子後語二卷　〔清〕孫詒讓撰　清刻本　全1冊　26cm×15.9cm　版框16.4cm×12cm　十二行　字數不等　白口　四周雙邊　單順黑魚尾

索書號：子92　排架號：15-6-2
廣博物志五十卷　〔明〕董斯張纂　清光緒五年（1879）學海堂刻本　存22冊（卷一至七　卷十至十一　卷十五至四十三　卷四十六至五十）共26冊

29.8cm×17cm　版框20.2cm×15.3cm　九行　十八字　白口　左右雙邊　單順黑魚尾　冊5、冊7、冊8、冊26封底殘損

索書號：子94　排架號：15-6-3
墨子十五卷　〔戰國〕墨翟撰〔清〕畢沅校　清刻本　全4冊　25cm×15.4cm　版框17.9cm×13.3cm　九行　二十一字至三十二字不等　白口　左右雙邊　單順黑魚尾

索書號：子95　排架號：15-6-3
尸子二卷附尸子存疑　〔戰國〕尸佼輯〔清〕汪繼培輯　清光緒三年（1877）浙江書局刻本　全1冊　25cm×15.2cm　版框18.3cm×13.3cm　九行　二十一字至二十九字不等　白口　左右雙邊　單順黑魚尾

索書號：子101　排架號：15-6-4
呂氏春秋二十六卷附考　〔戰國〕呂不韋撰〔漢〕高誘注　清光緒元年（1875）浙江書局刻本　全8冊　25cm×15.3cm　版框18.3cm×13.5cm　九行　二十三字至三十七字不等　白口　左右雙邊　單順黑魚尾

索書號：子108　排架號：15-6-5
竹書紀年統箋十二卷附雜述　〔梁〕沈約注〔清〕徐文靖統箋〔清〕崔萬烜校訂〔清〕馬陽校訂　清光緒三年（1877）浙江書局刻本　全6冊　25cm×15.3cm

十行　字數不等　白口　左右雙邊　單順黑魚尾

索書號：子192　排架號：14-3-5
諸子文粹六十二卷　〔清〕李寶洤纂
民國六年（1917）刻本　全16冊
20cm×13.5cm　版框15.9cm×11.4cm
十一行　二十七字　白口　四周雙邊
單順黑魚尾

索書號：子193　排架號：14-3-6
諸子菁華禄□□卷　〔民國〕張之純編纂
〔民國〕曹家達校　民國十四年（1925）
上海商務印書館刻本　存20冊（卷一至三　卷五至七　卷十　卷十二　卷十五至十七）總冊數不詳
19.8cm×13.3cm　版框15.5cm×11.2cm
十三行　字數不等　白口　四周單邊

索書號：子197　排架號：14-3-6
廣事類賦四十卷　〔清〕華希閔撰〔清〕鄒兆升參　清刻本　存1冊（卷二十九至三十五　卷三十八至四十）總冊數不詳
18.7cm×11.3cm　版框13.7cm×9.8cm
九行　二十一字至三十字不等　細黑口
四周雙邊　單順黑魚尾

索書號：子223　排架號：14-4-2
古事比□□卷　〔清〕方中德輯〔清〕王梓校　清刻本　存2冊（卷七至十七　卷三十六至四十三）總冊數不詳
15cm×10cm　版框11.7cm×8.8cm
十八行　三十六字　白口　四周雙邊

單順黑魚尾

索書號：子225　排架號：14-4-4
西學富強叢書□□卷　〔英國〕哈司韋輯〔英國〕傅蘭雅口譯〔清〕徐壽筆述〔清〕江衡筆述　清光緒二十七年（1901）上海寶善齋石印本　存3函24冊（公法學卷一至七　英國水師一卷　聲學一卷　光學一卷　天文三卷　地理三卷　算學二卷　畫圖器象一卷　重學二卷　電學三卷　造玻璃法二卷　化學三卷　列國歲計政要卷一至十二　萬國總說三卷　俄史輯譯四卷　南北花旗戰記十八卷　礦學二十五卷　汽機九卷附一卷　礫石編三卷　海塘輯要十卷　行軍鐵路工程二卷　匠誨興規三卷　電氣鍍金四卷　電學鍍鎳一卷　鐵船針向一卷　機動圖說一卷　兵政學　槍炮學　制火藥法三卷　兵船炮法六卷　克虜伯炮說四卷　克虜伯炮操法四卷　克虜伯炮表八卷　歐洲東方交涉記十二卷）總冊數不詳
19.8cm×13cm　版框16.4cm×11.5cm
上下二十行　二十二字　粗黑口　四周雙邊　單順黑魚尾　另存28冊版本不詳

索書號：善22　排架號：30-2-1
增補白眉故事十卷　〔清〕許以忠輯
清雍正十三年（1735）素位堂刻本　存4冊（卷一至八）共5冊
24cm×16.1cm　版框20.1cm×13.8cm
十一行　二十字　白口　四周單邊

索書號：善31　排架號：30-2-3

事類賦三十卷　〔宋〕吳淑撰　清刻本
全6冊　19cm×11.4cm　版框10.8cm×9cm　十行　四十字　白口　四周單邊　單順黑魚尾

索書號：善37　排架號：30-2-5
文武合編百子金丹十卷　〔明〕郭偉輯　清刻本　存5冊（卷二至十）共6冊　18.2cm×12.2cm　版框13cm×10.2cm　十行　二十二字　白口　四周單邊　單順黑魚尾

小說家類

索書號：子43　排架號：15-3-4
山海經十八卷　〔晉〕郭璞撰　清光緒元年（1875）湖北崇文書局刻本　全2冊　26.7cm×17.2cm　版框19.4cm×14.9cm　十二行　二十四字至三十五字不等　粗黑口　四周雙邊　雙對黑魚尾

索書號：子44　排架號：15-3-4
山海經圖讚一卷　〔晉〕郭璞纂　**山海經補注一卷**　〔明〕楊慎撰　清光緒元年（1875）湖北崇文書局刻本　全1冊　26.7cm×17.2cm　版框19cm×14.8cm　十二行　二十四字　粗黑口　四周雙邊　雙對黑魚尾

索書號：子45　排架號：15-3-4
神異經一卷　〔漢〕東方朔撰　**海內十洲記一卷**　〔漢〕東方朔撰　**洞冥記四卷**　〔漢〕郭憲撰　**穆天子傳六卷**　〔晉〕郭璞注　清光緒元年（1875）湖北崇文書局刻本　全1冊　26.7cm×17.2cm　版框18.8cm×14.8cm　十二行　二十四字至四十字不等　粗黑口　四周雙邊　雙對黑魚尾

索書號：子46　排架號：15-3-4
拾遺記十卷　〔晉〕王嘉撰　清光緒元年（1875）湖北崇文書局刻本　全1冊　26.7cm×17.2cm　版框18.7cm×14.8cm　十二行　二十四字　粗黑口　四周雙邊　雙對黑魚尾

索書號：子47　排架號：15-3-4
搜神記二十卷　〔晉〕干寶撰　**搜神後記十卷**　〔晉〕陶潛撰　清光緒元年（1875）湖北崇文書局刻本　全3冊　26.7cm×17.2cm　版框19.3cm×14.8cm　十二行　二十四字　粗黑口　四周雙邊　雙對黑魚尾

索書號：子48　排架號：15-3-4
博物志十卷　〔晉〕張華撰　**續博物志十卷**　〔唐〕李石撰　清光緒元年（1875）湖北崇文書局刻本　全2冊　26.7cm×17.2cm　版框19.5cm×15cm　十二行　二十四字　粗黑口　四周雙邊　雙對黑魚尾

索書號：子67　排架號：15-4-3
山海經十八卷　〔晉〕郭璞撰〔清〕畢沅校　清光緒三年（1877）浙江書局刻本　全3冊　24.1cm×15.3cm　版框

雲南省會澤縣圖書館館藏古籍目錄

18.4cm×13.2cm 九行 二十一字至四十二字不等 白口 左右雙邊 單順黑魚尾

索書號：子111 排架號：14-1-1

山海經十八卷附山海經篇目考 〔晉〕郭璞撰 清光緒三年（1877）浙江書局刻本 全4冊 25cm×15.3cm 版框18.3cm×13cm 九行 字數不等 白口 左右雙邊 單順黑魚尾

索書號：子207 排架號：14-4-1

山海經十八卷附山海經箋疏十八卷圖贊并圖一卷 〔晉〕郭璞撰〔清〕郝懿行箋 清刻本 全6冊 14.9cm×10cm 版框11cm×9cm 十行 字數不等 白口 左右雙邊

索書號：子232 排架號：14-5-3

世說新語三卷 〔宋〕劉義慶撰〔梁〕劉孝標注〔明〕凌濛初訂 附世說新語補四卷 〔明〕王世貞撰〔明〕王湛等校 清東川福寧鉛務公司刻本 全6冊 25.7cm×16.5cm 版框23.9cm×13.1cm 九行 二十字 白口 左右雙邊 單順黑魚尾 冊2、冊6殘損，冊4封面封底殘損

釋家類

索書號：子80 排架號：15-4-4

沖虛至德真經□□卷 〔晉〕張湛注 清嘉慶九年（1804）寶慶經綸堂藏版刻本 存2冊（卷一至八）總冊數不詳

28.9cm×18.2cm 版框17.8cm×13.8cm 十一行 二十一字 細黑口 四周單邊

索書號：子152 排架號：14-2-1

陰符經一卷 〔漢〕張良注 關尹子一卷 〔戰國〕關尹子撰 清光緒元年（1875）湖北崇文書局刻本 全1冊 26.8cm×17.2cm 版框19cm×14.8cm 十二行 二十四字 粗黑口 四周雙邊 雙對黑魚尾

索書號：子155 排架號：14-2-2

禪門日誦不分卷 〔後漢〕釋迦葉摩騰譯〔後漢〕釋竺法蘭譯 清刻本 全1冊 26cm×18.1cm 版框19.9cm×15.6cm 九行 十九字 粗黑口 四周雙邊 單順黑魚尾 封面封底殘損

索書號：子159 排架號：14-2-2

葉洲居士佛學講演錄不分卷 陳維庚講演 民國三十三年（1944）刻本 全1冊 23.7cm×14cm 版框20.6cm×12.2cm 十四行 二十五字 白口 四周單邊 作者年代不詳

索書號：子175 排架號：14-2-4

淨土五經二卷附洋行品 〔清〕釋印光撰 清刻本 全1冊 26.5cm×15cm 版框17.9cm×12cm 十行 二十四字 白口 四周單邊

索書號：子194 排架號：14-3-6

列子八卷 〔戰國〕列御寇撰〔晉〕張

湛注　民國二年（1913）上海掃葉山房石印本　全2冊　19.8cm×13.1cm　版框16.6cm×11.8cm　十三行　字數不等　白口　四周雙邊　單順黑魚尾

索書號：子222　排架號：14-4-2
戒禮須知不分卷　〔英國〕傅蘭雅輯　清光緒十二年（1886）刻本　存1冊，總冊數不詳　20cm×12.5cm　版框15.8cm×11.2cm　十行　二十二字　白口　四周雙邊　單順黑魚尾

索書號：善40　排架號：30-3-2
大方廣佛華嚴經八十卷　未署撰者　清刻本　存79冊（卷一至五　卷八至八十）共81冊　37.2cm×12.5cm　版框27.1cm×12.5cm　五行　十五字　白口　上下雙邊

索書號：藝9　排架號：19-1-3
大佛頂首楞嚴經一卷　作者不詳　清光緒三十四年（1908）浙江小萬柳堂刻本　全1冊　26cm×15.2cm　版框19.4cm×12.7cm　十行　二十字　白口

索書號：藝13　排架號：19-2-1
佛說般若波羅蜜多心經一卷　張君書　清刻本　全1冊　32.3cm×14.6cm　版框25.8cm×10.7cm　五行　十二字　白口

道家類

索書號：子49　排架號：15-3-4
老子道德經二卷　〔晉〕王弼注　**道德真經注四卷**　〔元〕吳澄述　清光緒元年（1875）湖北崇文書局刻本　全2冊　26.7cm×17.2cm　版框18.8cm×15cm　十二行　二十三字　粗黑口　四周雙邊　雙對黑魚尾

索書號：子50　排架號：15-3-4
莊子三卷　〔戰國〕莊周撰　**莊子闕誤一卷**　〔明〕楊慎撰　清光緒元年（1875）湖北崇文書局刻本　全2冊　26.7cm×17.2cm　版框19.7cm×15cm　十二行　二十四字至三十五字不等　粗黑口　四周雙邊　雙對黑魚尾

索書號：子51　排架號：15-3-4
列子二卷　〔戰國〕列御寇撰〔晉〕張湛注〔唐〕盧重元注〔唐〕殷敬順釋　清光緒元年（1875）湖北崇文書局刻本　全1冊　26.7cm×17.2cm　版框19.7cm×14.8cm　十二行　二十四字　粗黑口　四周雙邊　雙對黑魚尾

索書號：子52　排架號：15-3-4
抱樸子八卷　〔東晉〕葛洪撰　清光緒元年（1875）湖北崇文書局刻本　全4冊　26.7cm×17.2cm　版框19cm×14.8cm　十二行　二十四字　粗黑口　四周雙邊　雙對黑魚尾

索書號：子53　排架號：15-3-4
亢倉子一卷　〔春秋〕庚桑楚撰　**元真**

子一卷 〔唐〕張志和撰 天隱子一卷 〔唐〕司馬承禎撰 無能子三卷 〔唐〕無名氏撰 胎息經一卷 〔題〕幻真先生撰 清光緒元年（1875）湖北崇文書局刻本 全1冊 26.7cm×17.2cm 版框18.8cm×14.5cm 十二行 二十四字 粗黑口 四周雙邊 雙對黑魚尾

索書號：子54 排架號：15-3-4

至游子二卷 〔宋〕曾慥撰 清光緒元年（1875）湖北崇文書局刻本 全1冊 26.7cm×17.2cm 版框18.8cm×14.7cm 十二行 二十四字 粗黑口 四周雙邊 雙對黑魚尾

索書號：子55 排架號：15-4-1

韓非子二十卷 〔戰國〕韓非撰 附韓非子識誤 〔清〕顧廣圻撰 清光緒元年（1875）浙江書局刻本 全6冊 24.1cm×15.3cm 版框18.3cm×13.3cm 九行 二十一字 白口 左右雙邊 單順黑魚尾

索書號：子56 排架號：15-4-1

竹書紀年統箋十二卷附竹書記年雜述 〔清〕徐文靖統箋〔清〕馬驌校訂〔清〕崔萬烜校訂 清光緒三年（1877）浙江書局刻本 全4冊 24.1cm×15.3cm 版框18.3cm×13.3cm 九行 二十一字 白口 左右雙邊 單順黑魚尾

索書號：子57 排架號：15-4-1

列子八卷 〔戰國〕列御寇撰〔晉〕張湛注 清光緒二年（1876）浙江書局刻本 全2冊 24.1cm×15.3cm 版框18.3cm×13.3cm 九行 二十一字至四十二字不等 白口左右雙邊 單順黑魚尾

索書號：子59 排架號：15-4-1

莊子十卷 〔戰國〕莊周撰〔晉〕郭象注〔唐〕陸德明音義 清光緒二年（1876）浙江書局刻本 全4冊 24.1cm×15.3cm 版框18.3cm×13.3cm 九行 二十一字至四十二字不等 白口 左右雙邊 單順黑魚尾

索書號：子63 排架號：15-4-2

文中子中說十卷 〔宋〕阮逸注 清光緒二年（1876）浙江書局刻本 全2冊 24.1cm×15.3cm 版框18.4cm×13.2cm 九行 二十一字至三十三字不等 白口 左右雙邊 單順黑魚尾

索書號：子64 排架號：15-4-2

文子纘義十二卷 〔元〕杜道堅撰 清光緒三年（1877）浙江書局刻本 全2冊 24.1cm×15.3cm 版框18.4cm×13.2cm 九行 二十一字 白口 左右雙邊 單順黑魚尾

索書號：子79 排架號：15-4-4

南華真經十卷 〔戰國〕莊周撰〔晉〕郭象注〔唐〕陸德明音義 清嘉慶九年（1804）寶慶經綸堂藏版刻本 存2冊（卷一至六）總冊數不詳 28.6cm×18.3cm 版框17.4cm×13.8cm

十一行二十一字至四十二字不等　細黑口
四周單邊

索書號：子81　排架號：15-5-1
管子二十四卷　〔春秋〕管仲撰〔唐〕
房玄齡注　清嘉慶九年（1804）寶慶經
綸堂藏版刻本　全8冊　28.9cm×18.2cm
版框20cm×13.9cm　九行　二十字至四
十字不等　白口　四周單邊　單順黑魚尾

索書號：子84　排架號：15-5-1
文中子箋釋十卷　〔宋〕阮逸注　清嘉
慶九年（1804）寶慶經綸堂藏版刻本
全1冊　28.7cm×18.1cm　版框
17.4cm×13.8cm　十一行　二十一字
至四十二字不等　細黑口　四周單邊

索書號：子105　排架號：15-6-5
文子纘義十二卷　〔宋〕杜道堅撰　清
光緒三年（1877）浙江書局刻本　全3冊
25cm×15.3cm　版框18cm×13.3cm
九行　二十一字　白口　左右雙邊　單
順黑魚尾

索書號：子110　排架號：14-1-1
文中子中說十卷　〔宋〕阮逸注　清光
緒二年（1876）浙江書局刻本　全2冊
25cm×15.3cm　版框18.3cm×13cm
九行　字數不等　白口　左右雙邊　單
順黑魚尾

索書號：子153　排架號：14-2-1
性命雙修萬神圭旨四卷　〔明〕尹真人授
清刻本　存2冊（利卷　貞卷）共4冊
23.3cm×16.1cm　版框18.9cm×14cm
十一行　十八字　白口　四周單邊　單
順黑魚尾

索書號：子156　排架號：14-2-2
老子道德經二卷　〔春秋〕李耳撰〔三
國魏〕王弼注　清光緒元年（1875）浙
江書局刻本　全1冊　24cm×15.3cm
版框18.1cm×13.3cm　九行　字數不等
白口　左右雙邊　單順黑魚尾

索書號：子169　排架號：14-2-3
平旦鐘聲二卷　未署撰者　清同治十二
年（1873）北京琉璃廠翰藻齋藏版刻本
全1冊　25cm×15.5cm　版框
16.1cm×13.1cm　九行　十九字　白口
四周雙邊　單順黑魚尾

索書號：子224　排架號：14-4-3
歷代神仙通鑒二十二卷附繡像一卷
〔清〕徐道撰　清刻本　存3函18冊（卷
一至四　卷八至十　卷十四至二十二）
總冊數不詳　26.5cm×16.3cm　版框
21.6cm×14.4cm　十行　二十二字　白口
四周雙邊　雙對黑魚尾

索書號：子234　排架號：14-5-3
道德經解二卷　〔唐〕純陽帝君釋義
清同論堂藏版刻本　全2冊
25.3cm×15.8cm　版框19.1cm×14.2cm
十行　二十字　白口　四周單邊　單順
黑魚尾

順黑魚尾

索書號：集44　排架號：29-2-1
大鶴山房全書十一種　〔清〕鄭文焯撰
清光緒三十年（1904）蘇州周氏藏版刻本
存4冊，共8冊，缺（冷紅詞四卷）
33cm×17.5cm　版框19.5cm×12.7cm
十一行　十八字　細黑口　左右雙邊
單順黑魚尾

索書號：集45　排架號：29-2-1
杜工部集□□卷　〔唐〕杜甫撰〔清〕
錢謙益箋注　清光緒二年（1876）粵
東翰墨園刻本　存5冊（卷一至十二）
共10冊　36cm×17.3cm　版框
17.5cm×13.8cm　八行　二十字　粗
黑口　左右雙邊　雙對黑魚尾

索書號：集47　排架號：29-2-1
重刻昭明文選李善注六十卷　〔梁〕蕭
統撰〔唐〕李善注〔清〕何焯評〔清〕
葉樹藩訂　清海錄軒藏版刻本　存6冊
（卷一至三　卷五至二十八）總册數不詳
27.6cm×17cm　版框19.5cm×14.7cm
十二行　字數不等　白口　左右雙邊
單順黑魚尾　冊1、冊6殘損

索書號：集49　排架號：29-2-2
後山集二十四卷　〔宋〕陳師道撰　清
光緒十一年（1885）刻本　全6冊
25cm×16.1cm　版框15.9cm×11.4cm
十行　二十一字　細黑口　左右雙邊
雙對黑魚尾　冊2封面封底殘損

索書號：集50　排架號：29-2-2
古詩源十四卷　〔清〕沈德潛選　清光
緒尊經閣藏版刻本　全4冊
23.8cm×15.7cm　版框17cm×13.5cm
十行　十九字　粗黑口　左右雙邊　單
順黑魚尾

索書號：集51　排架號：29-2-2
胡文忠公遺集十卷首一卷　〔清〕胡林
翼撰　清光緒八年（1882）紅杏山房藏
版刻本　存7冊（卷一至五　卷七至十）
總冊數不詳　24.1cm×14.8cm　版框
17.5cm×13.2cm　九行　二十字　粗
黑口　四周雙邊　單順黑魚尾

索書號：集53　排架號：29-2-3
全謝山文鈔十六卷　〔清〕全祖望著
清宣統二年（1910）上海國學扶輪社
刻本　全8冊　26cm×15cm　版框
17.4cm×11.9cm　十三行　三十字
細黑口　四周雙邊　單順黑魚尾

索書號：集55　排架號：29-2-3
戴南山文鈔六卷首一卷　〔清〕戴名世撰
清宣統二年（1910）上海國學扶輪社刻本
全3冊　25.8cm×15cm　版框
17.8cm×12cm　十三行　三十字　細
黑口　四周雙邊　單順黑魚尾

索書號：集56　排架號：29-2-3
二曲集□□卷　〔清〕李顒撰〔清〕王
心敬輯　清刻本　存5冊（卷十二至
二十二　卷二十五至二十八）總冊數不詳

25.8cm×15.2cm　版框 16.8cm×11.6cm
九行　二十二字　粗黑口　四周雙邊
雙對黑魚尾

索書號：集 58　排架號：29-2-4
翁山詩外□□卷　〔清〕屈大均撰　清
國學輪社刻本　存 6 冊（卷十至十九）
總册數不詳　26cm×15cm　版框
17.8cm×11.4cm　十一行　三十字細
黑口　四周雙邊　單順黑魚尾

索書號：集 62　排架號：29-2-5
壯悔堂文集十卷附壯悔堂一稟　〔清〕
侯方域著〔清〕賈開宗等評點　清刻本
存 3 冊（卷二至十）總册數不詳
25.2cm×15.1cm　版框 17.1cm×13.7cm
九行　二十字　白口　左右雙邊　單順
黑魚尾　缺冊 1，冊 3 殘損

索書號：集 63　排架號：29-2-5
散原精舍詩二卷　〔清〕陳三立著　清
宣統元年（1909）刻本　全 2 冊
25.1cm×15.1cm　版框 17.2cm×11.4cm
十行　二十二字　白口　四周雙邊　單
順黑魚尾

索書號：集 64　排架號：29-2-5
四憶堂詩集六卷　〔清〕侯方域撰〔清〕
賈開宗等選注　清光緒十年（1884）
刻本　全 2 冊　25.1cm×15.1cm　版
框 17.8cm×13.7cm　九行　十八行
白口　左右雙邊

索書號：集 65　排架號：29-2-5
南園漫錄十卷　〔明〕張志淳撰　民國
元年（1912）刻本　全 4 冊
24.7cm×14.7cm　版框 17.8cm×13cm
十行　二十一字　細黑口　四周雙邊
雙對黑魚尾

索書號：集 67　排架號：29-2-5
宋元明詩三百首　〔清〕郭尚先〔清〕
周仲墀選輯　清光緒二年（1876）大西
街閣刻本　全 2 冊　23.9cm×15.2cm
版框 18.4cm×12.2cm　八行　二十字
白口　四周雙邊　單順黑魚尾

索書號：集 69　排架號：29-2-5
詩畸八卷附外編嵌字格二卷　未署撰者
清光緒十九年（1893）刻本　全 4 冊
23.1cm×13.3cm　版框 15.7cm×10.8cm
十行　二十一字　白口　四周雙邊　單
順黑魚尾

索書號：集 70　排架號：29-3-1
迎暉堂詩鈔不分卷　未署撰者　清刻本
全 4 冊　30cm×21.1cm　版框
21cm×15.4cm　十一行　二十五字
白口　四周雙邊　册 3 封底殘損

索書號：集 71　排架號：29-3-1
山谷年譜□□卷　〔宋〕黃䇕編　清刻本
存 8 冊（卷八　卷十至十三　卷十六至
十七）總册數不詳　29cm×19cm　版
框 18.5cm×14.2cm　十二行　二十字
白口　左右雙邊　單順黑魚尾

雲南省會澤縣圖書館館藏古籍目錄

索書號：集 72　排架號：29-3-1
王摩詰詩集□□卷　〔唐〕王維撰〔宋〕劉辰翁評　清光緒五年（1879）碧琳琅館刻本　存 2 冊（卷一至七）總冊數不詳　29.6cm×18.4cm　版框 20cm×14.6cm　八行　十九字　白口　左右雙邊

索書號：集 73　排架號：29-3-1
孟浩然詩集□□卷　〔唐〕孟浩然撰〔宋〕劉辰翁評〔明〕李夢陽參　清碧琳琅館刻本　存 1 冊（卷下）總冊數不詳　29.6cm×18.5cm　版框 20cm×14.6cm　八行　十九字　白口　左右雙邊

索書號：集 75　排架號：29-3-1
錢南園遺集五卷附原刻南園遺詩序一卷錢南園先生別傳一卷錢南園先生墓誌銘一卷挽詩一卷　〔清〕錢灃著　清光緒二十一年（1895）刻本　全 2 冊　27.2cm×17.6cm　版框 18.6cm×13.2cm　十行　二十一字　白口　左右雙邊　單順黑魚尾

索書號：集 76　排架號：29-3-1
守意龕詩集二十八卷　〔清〕百齡著　清道光二十六年（1846）讀書樂室藏版刻本　存 5 冊（卷一至五　卷七至九　卷十四至二十一）總冊數不詳　28.5cm×16.9cm　版框 17.9cm×13.8cm　十行　二十一字　白口　四周雙邊　單順黑魚尾

索書號：集 77　排架號：29-3-2
溫飛卿詩集九卷　〔唐〕溫庭筠撰〔明〕曾益注〔清〕顧予咸補注〔清〕顧嗣立續注　清光緒八年（1882）萬軸山房刻本　全 2 冊　29.1cm×16.9cm　版框 19.2cm×14.9cm　十一行　字數不等　白口　左右雙邊　單順黑魚尾

索書號：集 78　排架號：29-3-2
眠琴閣詩鈔七卷附詞二十二首　〔清〕呂廷輝撰〔清〕史悠咸著　清光緒刻本　全 2 冊　27cm×16.4cm　版框 15.7cm×12.3cm　十一行　二十一字　白口　左右雙邊　單順黑魚尾

索書號：集 79　排架號：29-3-2
國朝六家詩鈔八卷　〔清〕劉執玉選　清光緒十三年（1887）刻本　存 5 冊（卷一至六）總冊數不詳　24.9cm×15.9cm　版框 16.8cm×13.1cm　十行　二十一字　細黑口　四周單邊　單順黑魚尾

索書號：集 80　排架號：29-3-2
尚絅堂集五十二卷箏船詞二卷駢體文二卷　〔清〕劉嗣綰撰　清道光六年（1826）大樹園藏版刻本　全 1 函 10 冊　24.6cm×15.6cm　版框 17.2cm×13.2cm　十一行　二十二字　粗黑口　左右雙邊　單順黑魚尾

索書號：集 82　排架號：29-3-2
唐詩三百首疏注七卷　〔清〕蘅塘退士編〔清〕章燮注　清羊城文升閣刻本　存 2 冊（卷一至二　卷五至六下）共 4 冊

26.9cm×15.4cm 版框19.2cm×13.5cm 九行 四十字 白口 四周單邊 單順黑魚尾 冊3殘損

索書號：集83 排架號：29-3-2
焦尾集不分卷 〔民國〕賀宗章撰 民國初年刻本 1冊全，存2冊，共二套 27.3cm×15.3cm 無版框 八行 二十四字 白口

索書號：集84 排架號：29-3-3
尺澤齋詩鈔八卷 〔清〕蔡元燮撰 清光緒八年（1882）刻本 全2冊 25.2cm×15.8cm 版框18.4cm×12.9cm 十行 二十一字 白口 四周雙邊 單順黑魚尾

索書號：集85 排架號：29-3-3
南海百詠不分卷 〔宋〕方信孺撰 **附南海百詠續編四卷** 〔清〕樊封編 清光緒八年（1882）學海堂刻本 存2冊，總冊數不詳，缺（南海百詠續編卷三至四） 26.3cm×15.6cm 版框17cm×12.1cm 十一行 二十字 細黑口 左右雙邊 雙順黑魚尾

索書號：集86 排架號：29-3-3
杯湖吟草不分卷 〔民國〕李鴻祥著 民國刻本 存2冊，總冊數不詳 23.6cm×14.4cm 版框19cm×12.4cm 十三行 三十字 細黑口 四周雙邊

索書號：集87 排架號：29-3-3

板橋集六卷 〔清〕鄭燮撰 清同治七年（1868）大文堂藏版刻本 存2冊（卷一至三）總冊數不詳 22.4cm×15cm 版框15.6cm×12.8cm 十行 十九字 白口 左右雙邊 單順黑魚尾

索書號：集88 排架號：29-3-3
定盦續集四卷 〔清〕龔自珍撰 清刻本 全2冊 23.9cm×15.5cm 版框18.6cm×14.1cm 十二行 二十四字 白口 左右雙邊 單順黑魚尾 冊2封面殘損

索書號：集89 排架號：29-3-3
香屑集十八卷首一卷 〔清〕黃之雋撰 清嘉慶十八年（1813）廣經堂藏版刻本 全4冊 23.6cm×13.4cm 版框15.4cm×10.8cm 十行 二十一字 細黑口 左右雙邊 雙對黑魚尾

索書號：集91 排架號：29-3-3
味雪齋詩鈔續□□卷 〔清〕戴絅孫撰 清刻本 存1冊（卷九）總冊數不詳 27.1cm×17cm 版框18cm×14.8cm 十一行 二十二字 白口 四周雙邊 單順黑魚尾

索書號：集93 排架號：29-3-3
海外同人集二卷附海外同人集補遺 〔日本〕河田小桃編〔日本〕由良久香校 清光緒元年（1875）刻本 存1冊（海外同人集上下 歸省贈言一卷 墨江修禊詩）總冊數不詳 24.5cm×15.2cm

雲南省會澤縣圖書館館藏古籍目錄

版框 19.4cm×13.2cm　九行　二十字　白口　四周雙邊　單順黑魚尾

索書號：集94　排架號：29-3-3
文始九卷　〔民國〕張炳麟著　清浙江圖書館刻本　存1冊（卷一至九）總冊數不詳　26.4cm×15.5cm　版框 19.4cm×14cm　十二行　三十一字　白口　四周雙邊　單順黑魚尾

索書號：集98　排架號：29-3-3
家書不分卷　〔清〕鄭燮著　清刻本　存1冊，總冊數不詳　22.5cm×15.1cm　版框 17.2cm×13.9cm　八行　字數不等　白口　四周單邊

索書號：集102　排架號：29-3-4
定盦文集二卷附定盦續集一卷定盦別集一卷　〔清〕龔自珍撰　清刻本　全1冊 24cm×15.7cm　版框 18.9cm×14cm　十二行　二十四字　白口　左右雙邊　單順黑魚尾

索書號：集103　排架號：29-3-4
張爲主客圖不分卷　〔唐〕張爲撰〔清〕紀昀集錄　附審定風雅遺音二卷　〔清〕史榮撰　清鏡烟堂藏版刻本　全1冊 25cm×14.8cm　版框 18cm×12.2cm　十行　二十一字　白口　四周單邊　單順黑魚尾

索書號：集110　排架號：29-4-4
欽定四書文四種　〔清〕方苞選評　清刻本　存14冊（欽定本朝四書文　大學　論語　中庸　欽定正嘉四書文　大學　論語　欽定啓禎四書文　大學　論語　孟子）總冊數不詳　25.3cm×16.7cm　版框 22.3cm×16.5cm　九行　二十五字　白口　四周雙邊　單順黑魚尾　整部不同程度殘損

索書號：集112　排架號：29-4-4
袁屏山傳記不分卷　〔民國〕張希魯輯　民國二十八年（1939）昭通東聲問日報社印行本　全1冊　21.8cm×15.3cm　無版框　十一行　二十五字　白口

索書號：集113　排架號：29-4-4
翼教叢編□□卷附梁啓超上陳中丞書　未署撰者　清刻本　存1冊（編五至六）總冊數不詳　25cm×16cm　版框 18cm×12.1cm　十二行　二十四字　細黑口　左右雙邊　單順黑魚尾

索書號：集125　排架號：29-5-4
寧都三魏全集四十八卷　〔清〕魏際瑞等著〔清〕林時益編　清道光文奎堂藏版刻本　存35冊，共36冊 18.5cm×12.3cm　版框 12.8cm×9.5cm　九行　二十字　白口　四周單邊　單順黑魚尾

索書號：集189　排架號：28-1-6
談藝珠叢二十七種　〔清〕王啓原輯　清光緒十一年（1885）長沙玉尺山房刻本　存6冊（詩品　樂府古題　談

雲南省會澤縣圖書館館藏古籍目錄

· 114 ·

藝錄　藝苑卮言　詩家直說）總冊數不詳
18.9cm×12.8cm　版框 12.8cm×9.3cm
八行　二十字　白口　四周雙邊　單順
黑魚尾　全6冊封面封底均有殘損

索書號：集190　排架號：28-2-1
四述奇□□卷　〔清〕張德彝著〔清〕
貴榮校　清著易堂仿聚珍版刻本　存7冊
（卷一至十四）總冊數不詳
19.3cm×12.3cm　版框12.9cm×9.6cm
十一行　三十一字　白口　左右雙邊
雙對黑魚尾

索書號：集191　排架號：28-2-1
曾文正公書札□□卷　〔清〕曾國藩撰
清宣統元年（1909）上海二金罍堂刻本
存3冊（卷一至七　卷二十九至三十一）
總冊數不詳　20cm×13.4cm　版框
17.1cm×12cm　十九行　四十字　白口
四周雙邊　單順黑魚尾

索書號：集192　排架號：28-2-1
**曾文正公家書□□卷附曾文正公家訓二
卷曾文正公大事記四卷**　〔清〕曾國藩撰
清光緒二十九年（1903）上海錦章書局
石印本　存7冊（卷一至十）總冊數不詳
20.5cm×13.5cm　版框17.1cm×12.4cm
二十四行　四十六字　白口　四周雙邊
單順黑魚尾

索書號：集193　排架號：28-2-1
曾文正公家書□□卷附大事記家訓榮哀錄
〔清〕曾國藩撰　清上海錦章圖書局石
印本　存1冊（卷一至八）總冊數不詳
20.3cm×13.4cm　版框17.3cm×12.3cm
二十四行　字數不等　白口　四周雙邊
單順黑魚尾

索書號：集195　排架號：28-2-1
孤根集□□卷　〔民國〕金天翮著〔民國〕
柳炳南編　民國元年（1912）上海時中
書局刻本　存1冊（卷二至三）總冊數
不詳　19.5cm×13.1cm　版框
15.8cm×11.3cm　十二行　三十一字
白口　四周雙邊　單順黑魚尾

索書號：集196　排架號：28-2-1
古今文藝叢書□□卷　〔民國〕何藻輯
民國二年（1913）上海廣益書局刻本
存13冊（三集）總冊數不詳
20.2cm×13.1cm　版框15.4cm×11.4cm
十二行　三十字　細黑口　四周單邊
單順黑魚尾

索書號：集197　排架號：28-2-2
文科大辭典不分卷　〔民國〕國學扶輪
社出版　清上海國學扶輪社刻本　全12冊
20cm×13.3cm　版框16.5cm×11.6cm
上下十四行　字數不等　細黑口　四周
單邊　單順黑魚尾

索書號：集198　排架號：28-2-2
忠雅堂評選四六法海□□卷　〔明〕王
志堅編〔清〕蔣士銓評選　清刻本　存
5冊（卷二至六）總冊數不詳
18.1cm×12.3cm　版框12.5cm×10.3cm

白香山詩集四十卷 〔唐〕白居易撰 〔清〕汪立名編 清刻本 全12冊 25.2cm×16.2cm 版框18cm×14.8cm 十二行 二十一字 白口 四周單邊 單順黑魚尾

總集類

索書號：集8 排架號：13-3-3
宋六十名家詞六十一種 〔明〕毛晉輯 清光緒十四年（1888）刻本 存27冊，共28冊，缺（車堂詞一卷 放翁詞一卷）24cm×15cm 版框15.5cm×11.8cm 十一行 二十字 細黑口 左右雙邊

索書號：集9 排架號：13-3-4
蘇文忠詩合注五十卷首二卷 〔清〕馮星寶輯訂 清踵息齋藏版刻本 存19冊（卷一至五 卷七至五十）共20冊 25.6cm×16.3cm 版框19.4cm×14.3cm 十一行 白口 左右雙邊 單順黑魚尾

索書號：集19 排架號：13-5-1
疆村叢書不分卷 〔清〕朱孝臧編 清刻本 存36冊，共40冊，缺（廖行之省齋詩餘一卷 張鎡南湖詩餘一卷附張樞詞 吳泳鶴林詞一卷 郭應祥笑笑詞一卷 徐鹿卿徐清正公詞一卷 張輯東澤綺語一卷 清江漁譜一卷 游九言默齋詞一卷 汪莘方壺詩餘二卷 王邁臞軒詩餘一卷補遺一卷 劉克莊後村長短句五卷 徐經孫矩山詞一卷 陳耆卿篔窗詞一卷 吳淵退菴詞一卷補遺一卷 吳潛履齋先生詩餘一件續集一卷補遺一卷別集二卷 趙夢堅彝齋詩餘一卷 趙崇嶓白雲小稾一卷 夏元鼎蓬萊鼓吹一卷 吳文英夢窗詞集一卷 補遺一卷附夢窗詞集小箋） 25.5cm×13.8cm 版框14.4cm×11cm 十一行 二十一字 粗黑口 左右雙邊

索書號：集29 排架號：13-6-2
國朝常州駢體文錄三十卷 〔清〕屠寄輯 清光緒十六年（1890）刻本 全6冊 30cm×20.3cm 版框18.4cm×13.9cm 十三行 二十二字 細黑口 左右雙邊 雙對黑魚尾 冊1封面殘損，冊6封底殘損

索書號：集34 排架號：29-1-2
初唐四傑集三十七卷 〔唐〕王勃等撰 清同治十二年（1873）叢雅居刻本 全10冊 27cm×16.1cm 版框17.7cm×13.1cm 九行 二十一字 白口 四周雙邊 單順黑魚尾

索書號：集35 排架號：29-1-2
瀛奎律髓刊誤四十九卷 〔元〕方虛谷撰 〔清〕紀昀批點 清光緒六年（1880）刻本 全10冊 25.5cm×17.7cm 版框16.1cm×13.5cm 十行 十九字 白口 左右雙邊 雙對黑魚尾

索書號：集36 排架號：29-1-3
有正味齋駢文箋注十六卷 〔清〕吳錫麟著 清同治七年（1868）慈北葉氏藏

版刻本　全8册　25.4cm×15.6cm
版框17.8cm×13.8cm　九行　字數不等
粗黑口　左右雙邊　雙對黑魚尾

索書號：集39　排架號：29-1-4
國朝駢體正宗十二卷　〔清〕曾燠選
〔清〕姚瑩評〔清〕張壽榮參　清嘉慶
年間粵東緯文堂刻本　全6册
25.5cm×15.5cm　版框18.3cm×14cm
十一行　二十二字　白口　左右雙邊
單順黑魚尾

索書號：集40　排架號：29-1-4
御選唐宋文醇五十八卷　〔清〕高宗輯
清乾隆三年（1738）浙江書局刻本　全
20册　23.9cm×15cm　版框18cm×13cm
九行　二十二字　白口　左右雙邊　單
順黑魚尾

索書號：集42　排架號：29-1-5
七十家賦鈔六卷　〔清〕張惠言輯　清
光緒八年（1882）廣東經史閣刻本　全
4册　25.6cm×15.2cm　版框
18cm×13.5cm　十三行　二十二字　粗
黑口　左右雙邊　雙對黑魚尾

索書號：集46　排架號：29-2-1
有泉堂詩文一覽編十六卷附有泉堂續草
〔清〕屠紹理著　清嘉慶十二年（1807）
修齡堂藏版刻本　存7册（卷一至四
卷七至十六）總册數不詳　29.5cm×18cm
版框16.5cm×13.6cm　九行　十九字
白口　四周雙邊　單順黑魚尾

索書號：集52　排架號：29-2-3
徧行堂集十六卷　〔明〕釋澹歸著　清
宣統三年（1911）上海國學扶輪社刻本
存6册（卷一至八　卷十一至十六）總
册數不詳　26cm×15cm　版框
17.6cm×12.5cm　十三行　三十字　細
黑口　四周雙邊　單順黑魚尾

索書號：集54　排架號：29-2-3
龔定盦全集不分卷　〔清〕龔自珍撰
清光緒三十四年（1908）上海國學扶輪
社刻本　存5册，總册數不詳
26cm×15cm　版框17.4cm×12.1cm
十三行　三十字　細黑口　四周雙邊
單順黑魚尾

索書號：集74　排架號：29-3-1
古詩源十四卷　〔清〕沈德潛選　清光
緒十年（1884）敍州汗青簃刻本　存3册
（卷一至三　卷八至十四）共4册
28.8cm×18.5cm　版框20.3cm×13.3cm
十行　二十二字　細黑口　四周單邊
單順黑魚尾　册1封面殘損

索書號：集114　排架號：29-4-4
勸學篇兩篇　〔清〕張之洞撰　清光緒
二十四年（1898）雲南善後局重刻本
全1册　24.2cm×16cm　版框
19.1cm×13.7cm　十行　二十三字　白口
左右雙邊　單順黑魚尾

索書號：集115　排架號：29-4-4
蒙學讀本全書□□卷　〔清〕三等公學

堂編　清光緒刻本　存2冊（卷七）總冊數不詳　24.5cm×15.3cm　版框17.9cm×12.1cm　八行　二十字　白口　四周單邊　單順黑魚尾

索書號：集115-1　排架號：29-4-4
蒙學讀本全書□□卷　〔清〕三等公學堂編　清光緒刻本　存3冊（卷七）總冊數不詳　23cm×13.8cm　版框18cm×12cm　八行　二十字　白口　四周單邊　單順黑魚尾

索書號：集116　排架號：29-4-4
打草谷（新白兔記）不分卷　未署撰者　清刻本　存1冊，總冊數不詳　23.8cm×14.5cm　無版框　行數不等　字數不等　白口

索書號：集117　排架號：29-4-4
清華集□□卷　〔清〕汪詩儂編　清刻本　存1冊（卷下）總冊數不詳　20cm×13.2cm　版框16.2cm×11cm　十二行　三十二字　白口　四周單邊　單順黑魚尾

索書號：集118　排架號：29-4-4
人海記□□卷　〔清〕查慎行著　清宣統二年（1910）掃葉山房石印本　存1冊（卷上）總冊數不詳　19.9cm×13.1cm　版框17cm×12cm　十四行　二十八字　白口　四周雙邊　單順黑魚尾

索書號：集119　排架號：29-4-4

繪圖燕山外史□□卷　〔清〕陳球著　民國三年（1914）上海廣益書局發行本　存2冊（卷一至八）總冊數不詳　20.2cm×13.3cm　版框17.8cm×11.6cm　十四行　三十五字　白口　四周雙邊　單順黑魚尾

索書號：集120　排架號：29-4-4
增廣智囊補二十八卷　〔明〕馮夢龍輯　清刻本　存1冊（卷一至三）總冊數不詳　20.3cm×13.2cm　版框17.5cm×11.5cm　十八行　四十字　白口　四周單邊　單順黑魚尾

索書號：集122　排架號：29-5-1
總纂升菴合集二百四十卷　〔清〕楊慎著〔清〕鄭寶琛纂輯〔清〕王文林編次〔清〕李守福校〔清〕郭宗儀仝校　清刻本　存88冊（卷三至二十三　卷二十七至三十四　卷四十七至四十九　卷五十六　卷六十二至一百一十九　卷一百二十四至一百五十六　卷一百六十一至二百二十九　卷二百三十二至二百四十）共100冊　19.8cm×13.1cm　版框15.2cm×10.8cm　八行　二十字　白口　四周雙邊　單順黑魚尾　缺冊1、冊10、冊14至17、冊19至20、冊22、冊66、冊94

索書號：集126　排架號：29-5-6
宋詩鈔初集不分卷　〔清〕吳孟舉選〔清〕呂晚村選〔清〕吳自牧選　清涵芬樓刻本　存38冊，共40冊，缺（梅堯臣宛陵集

餘靖武溪集　歐陽修文忠集　劉弇龍雲集　鄧肅栟櫚集　黃榦勉齋集　魏了翁鶴山集　宋伯仁雪巖集　方岳秋崖集　馮時行縉雲集　岳珂玉楮集　嚴羽滄浪吟　裘萬頃竹齋集　謝枋得迭山集　呂定仲安集　鄭思肖所南集　王柏魯齋集　葛長庚玉蟾集　朱氏斷腸集）　19.4cm×12.9cm　版框14.3cm×11.1cm　十二行　字數不等　白口　四周單邊　雙對黑魚尾

索書號：集127　排架號：29-6-2
宋詩鈔補八十五種　〔清〕管庭芬輯〔清〕蔣光煦輯　清涵芬樓校印本　存7冊，共8冊　14.6cm×12.9cm　版框14cm×10.7cm　十二行　二十四字　粗黑口　四周單邊　雙對黑魚尾　缺冊6

索書號：集131　排架號：29-6-4
小倉山房全集□□卷　〔清〕袁枚著　清隨園藏版刻本　存9冊（小倉山房詩卷一至三十一　小倉山房外集卷一　小倉山房尺牘卷一至四）總冊數不詳　19.7cm×12.7cm　版框12.1cm×9.7cm　九行　二十一字　白口　四周單邊

索書號：集132　排架號：29-6-4
隨園三十六種　〔清〕袁枚撰　清光緒十九年（1893）倉山舊主校印本　存23冊，共24冊，缺（隨園食單　隨園八十壽言）　20.1cm×13.1cm　版框15.7cm×11.2cm　二十四行　五十八字　白口　左右雙邊　單順黑魚尾　缺冊17

索書號：集133　排架號：29-6-5
黃梨洲遺書十種　〔清〕黃宗羲撰　清刻本　全12冊　19.9cm×13.3cm　版框17cm×11.3cm　十五行　三十三字　白口　左右雙邊　單順黑魚尾

索書號：集134　排架號：29-6-5
碧城僊館詩鈔十卷附岱游集一卷　〔清〕陳文述撰　清宣統二年（1910）國學扶輪社印行本　全5冊　19.7cm×13.2cm　版框14.6cm×10.6cm　十一行　二十五字　細黑口　四周雙邊

索書號：集135　排架號：29-6-5
宋代五十六家詩集不分卷　〔清〕坐春書塾選　清宣統二年（1910）北京龍文閣印刻本　全6冊　19.9cm×12.8cm　版框17.6cm×10.6cm　九行　二十二字　白口　四周雙邊　單順黑魚尾

索書號：集136　排架號：29-6-6
韋蘇州集十卷附抱經堂羣書拾遺　〔唐〕韋應物撰　清掃葉山房石印本　全2冊　19.9cm×13.2cm　版框16.4cm×11.4cm　十四行　三十字　白口　四周雙邊　單順黑魚尾　冊2封面殘損

索書號：集137　排架號：29-6-6
唐四家詩集四卷　〔清〕胡鳳丹輯　清宣統三年（1911）掃葉山房石印本　全1冊　19.9cm×13.1cm　版框16.4cm×11.5cm　十四行　三十字　白口　四周雙邊　單順黑魚尾

索書號：集138　排架號：29-6-6
孟襄陽集二卷　〔唐〕孟浩然撰　清掃葉山房石印本　全1冊　19.9cm×13.1cm　版框16.5cm×11.4cm　十四行　三十字　白口　四周雙邊　單順黑魚尾　冊1殘損

索書號：集139　排架號：29-6-6
柳柳州集四卷　〔唐〕柳宗元撰　清掃葉山房石印本　全1冊　19.8cm×13.1cm　版框16.5cm×11.4cm　十四行　三十字　白口　四周雙邊　單順黑魚尾

索書號：集140　排架號：29-6-6
韓詩外傳十卷附韓詩外傳校注拾遺韓詩外傳補遺　〔漢〕韓嬰著〔清〕周廷寀校注　民國六年（1917）商務印書館刻本　全4冊　19.8cm×13.1cm　版框15.2cm×10.8cm　十二行　二十六字　粗黑口　四周雙邊　單順黑魚尾

索書號：集150　排架號：29-6-6
六一居士文集五卷附六一居士外集二卷　〔宋〕歐陽修撰　民國二年（1913）上海會文堂書局印刻本　全6冊　20.2cm×12.9cm　版框16.9cm×11.1cm　十五行　三十二字　白口　四周雙邊　單順黑魚尾

索書號：集151　排架號：29-6-6
幹寶搜神記三十卷　〔晉〕幹寶編　**附搜神後記十卷**　〔晉〕陶潛撰　清宣統三年（1911）上海幽光社藏版刻本　存2冊（卷七至三十）總冊數不詳　20.3cm×13.3cm　版框17.4cm×11.4cm　八行　二十字　白口　四周雙邊　單順黑魚尾

索書號：集153　排架號：28-1-1
樊山全集□□卷　〔清〕樊增祥撰　民國二年（1913）刻本　存17冊（樊山集卷一至二十四　樊山續集卷九至二十七　樊山批判卷一至十五　二家詞鈔卷一至二）總冊數不詳　19.9cm×13.4cm　版框17cm×11.9cm　十八行　三十九字　白口　四周雙邊　單順黑魚尾

索書號：集154　排架號：28-1-1
黃山谷書牘不分卷　〔宋〕黃庭堅撰　商務印書館編譯所校訂　民國二年（1913）商務印書館刻本　全2冊　20.3cm×13.4cm　版框15.4cm×10.4cm　十一行　三十一字　細黑口　四周雙邊　單順黑魚尾

索書號：集155　排架號：28-1-1
唐人三家集三種　〔清〕秦恩復輯　清宣統三年（1911）藏古圖書館刻本　全8冊　19.9cm×13.2cm　版框16.6cm×10cm　十一行　二十字　白口　左右雙邊　單順黑魚尾　冊1殘損

索書號：集156　排架號：28-1-1
昌黎先生全集□□卷　〔唐〕韓愈撰　清刻本　存8冊（昌黎先生集卷二至十四　卷二十一至四十　昌黎先生外集卷一至十　昌黎先生遺文一卷　韓集點勘卷一至四）

總冊數不詳　20.3cm×13.2cm　版框
16.8cm×11.4cm　十二行　二十八字
白口　四周雙邊　單順黑魚尾

索書號：集157　排架號：28-1-2
夷堅志五十卷　〔宋〕洪邁撰　清宣統
三年（1911）上海藜光社藏版刻本　存
6冊（卷一至二　卷十六至四十七）總
冊數不詳　19.8cm×13cm　版框
16.3cm×11.3cm　十六行　三十六字
白口　四周雙邊　單順黑魚尾

索書號：集158　排架號：28-1-2
宋本胡刻文選□□卷附文選考異　〔清〕
胡克家撰　清刻本　存4冊（卷三十一
至三十八　卷四十六至五十三　文選考
異卷一至十）總冊數不詳　20cm×13.3cm
版框17.5cm×11.8cm　二十行　四十
四字　白口　四周雙邊　單順黑魚尾

索書號：集161　排架號：28-1-2
船山詩草二十卷　〔清〕張問陶著　清
宣統二年（1910）掃葉山房石印本　全
6冊　19.9cm×13.2cm　版框
17cm×11.8cm　十四行　二十八字
白口　四周雙邊　單順黑魚尾

索書號：集162　排架號：28-1-3
**元遺山詩集十四卷附年譜一卷卷末一卷
附錄一卷**　〔金〕元好問撰〔清〕施國
祁箋注　清宣統三年（1911）掃葉山房
石印本　存7冊（卷一至十二）總冊數
不詳　19.8cm×13.1cm　版框

16.5cm×11.7cm　十二行　二十六字
白口　四周雙邊　單順黑魚尾

索書號：集163　排架號：28-1-3
王臨川全集二十四卷　〔宋〕王安石撰
清宣統三年（1911）掃葉山房石印本
存11冊（卷一至十七　卷二十至二十
四）共12冊　19.9cm×13.2cm　版框
16.1cm×11.6cm　十五行　三十字
白口　四周雙邊　單順黑魚尾

索書號：集164　排架號：28-1-3
李空同詩集三十三卷附諸家詳論　〔明〕
李夢陽撰　清宣統二年（1910）掃葉山
房石印本　全10冊　20cm×13.2cm
版框17cm×11.8cm　十四行　二十八字
白口　四周雙邊　單順黑魚尾

索書號：集165　排架號：28-1-3
**岑嘉州集八卷王摩詰集六卷孟浩然集
□□卷**　〔唐〕岑參撰〔唐〕王維撰
〔唐〕王士源撰　清光緒十年（1884）
上海同文書局石印本　存6冊（岑嘉州
八卷　王摩詰六卷　孟浩然四卷）總冊
數不詳　19.4cm×12.2cm　版框
14.2cm×10.3cm　十行　十八字　白口
左右雙邊

索書號：集174　排架號：28-1-4
關中書院課士詩不分卷　〔清〕路德輯
清本立堂藏版刻本　全2冊
22cm×18.5cm　版框18.2cm×12.2cm
九行　二十二字　白口　四周單邊　單

順黑魚尾

索書號：集175　排架號：28-1-4
關中書院課士賦不分卷　〔清〕路德輯
清本立堂藏版刻本　全2冊
22cm×18.5cm　版框17.6cm×12.4cm
九行　二十三字　白口　四周單邊　單順黑魚尾

索書號：集177　排架號：28-1-5
仁在堂全集十一集續刻三集　〔清〕路德評選　清壬辰年積山書局石印本　存4冊（卷一　卷三至八）總冊數不詳
17.3cm×10.1cm　版框13.9cm×9.3cm
二十行　四十八字　白口　四周雙邊　單順黑魚尾

索書號：集178　排架號：28-1-5
重訂詩學含英十四卷　〔清〕劉文蔚輯
清崇文堂藏版刻本　全4冊
17.4cm×11.2cm　版框12.5cm×9.8cm
八行　四十字　白口　四周單邊　單順黑魚尾

索書號：集179　排架號：28-1-5
東坡題跋□□卷　〔宋〕蘇軾著〔宋〕溫一貞錄　清同治十一年（1872）又賞齋定本刻本　存1冊（上卷）總冊數不詳
17.4cm×11cm　版框12.4cm×9.5cm
八行　十五字　白口　四周單邊

索書號：集180　排架號：28-1-5
山谷題跋二卷　〔宋〕黃庭堅著〔宋〕

溫一貞錄　清同治十一年（1872）又賞齋定本刻本　全2冊　17.4cm×11cm
版框12.3cm×9.2cm　八行　十五字
白口　四周單邊

索書號：集242　排架號：28-4-5
明詩綜□□卷　〔清〕朱彝尊錄〔清〕馬思贊評　清刻本　存1冊（卷八至十）
總冊數不詳　25.5cm×15.9cm　版框
18.7cm×14.4cm　十一行　二十一字
白口　左右雙邊　單順黑魚尾　冊1殘損

索書號：集258　排架號：28-6-1
唐宋八大家文鈔一百四十四卷　〔明〕茅坤批評　清刻本　全48冊
26.5cm×15.4cm　版框20cm×14.2cm
九行　二十字　白口　四周單邊　單順黑魚尾　柳文冊4封底殘損，歐文冊2封面殘損，大蘇冊8殘損，曾文冊1、冊4封底殘損

索書號：集264　排架號：28-6-4
西洋記□□卷　〔明〕羅懋登次編　清刻本　存2冊（卷三至四　卷十一至十二）總冊數不詳　17.5cm×11.7cm
版框13.5cm×9.9cm　二十二行　三十六字　白口　四周單邊　雙對黑魚尾
冊2殘損

索書號：集268　排架號：28-6-4
繪圖民國通俗演義□□卷　〔民國〕古越東驪演述〔民國〕琴石山人校　民國十五年（1926）上海會文堂書局刻本

全2函8冊　20.1cm×13.1cm　版框17cm×11.6cm　十五行　三十三字　細黑口　四周雙邊　單順黑魚尾　另有3冊版本不詳

索書號：集269　排架號：28-6-4
詳注聊齋志異圖咏□□卷　〔清〕蒲鬆齡著〔清〕呂湛恩注　清上海鴻寶齋書局石印本　存7冊（卷三至十六）總冊數不詳　20.1cm×13.2cm　版框17.7cm×12.3cm　二十三行　字數不等　白口　四周單邊　單順黑魚尾

索書號：善16　排架號：30-1-4
翠屏詩社槀十卷　〔清〕馮譽驄輯　清光緒二十四年（1898）刻本　全2冊　25.6cm×16cm　版框18cm×12.2cm　十行　二十一字　白口　四周雙邊　單順黑魚尾

索書號：善24　排架號：30-2-1
緯蕭草堂吟草十二卷　〔清〕劉筠撰　清光緒二十年（1894）刻本　全4冊　26cm×15.3cm　版框17.4cm×11.5cm　九行　二十一字　白口　四周雙邊　單順黑魚尾

索書號：善32　排架號：30-2-4
山曉閣選明文全集二十四卷　〔清〕孫琮輯　清刻本　全15冊　25.6cm×13.1cm　版框20.6cm×12.3cm　九行　二十五字　白口　四周單邊

索書號：善34　排架號：30-2-4
天崇文龍彎約編八卷　未署撰者　清刻本　全8冊　24.2cm×12.5cm　版框19.6cm×11.2cm　九行　二十五字　白口　四周單邊

索書號：善39　排架號：30-3-1
古文析義十六卷　〔清〕林雲銘評　清刻本　全16冊　18.3cm×12.4cm　版框13.2cm×10cm　九行　二十三字　白口　四周單邊　單順黑魚尾

詩文評類

索書號：集33　排架號：29-1-1
帶經堂詩話三十卷　〔清〕王士禎撰〔清〕張宗柟輯　清同治十二年（1873）廣州藏修堂刻本　存8冊（卷一至九　卷十四至二十一　卷二十五至三十）共10冊　26cm×15.9cm　版框18cm×13.8cm　十二行　二十三字　細黑口　左右雙邊　單順黑魚尾　冊9封面封底殘損

索書號：集43　排架號：29-1-5
曼陀羅花室文五卷　未署撰者　清光緒十九年（1893）廣州廣雅書局刻本　全4冊　28.4cm×17.1cm　版框17.9cm×14cm　十三行　二十二字　粗黑口　左右雙邊　雙對黑魚尾

索書號：集48　排架號：29-2-2
酉陽雜俎二十卷　〔唐〕段成式撰　清

索書號：集111　排架號：29-4-4

周犢山時文三種　〔清〕周犢山撰　清致德堂校刻本　存1冊，總冊數不詳，缺（學庸　孟子兩種）　20.8cm×13.1cm　版框17cm×10.9cm　九行　二十五字　白口　左右雙邊

索書號：集121　排架號：29-4-5

欽定全唐詩三十二卷　〔清〕康熙定　清光緒十三年（1887）上海同文書局石印本　存30冊（卷一　卷三　卷五至三十二）共32冊　20cm×12.8cm　版框15.4cm×10.6cm　二十二行　字數不等　白口　四周單邊　雙對白魚尾　缺冊2、冊4

索書號：集123　排架號：29-5-3

重訂昭明文選集評十五卷　〔清〕于惺介編　清咸豐八年（1858）右文堂藏版刻本　存14冊（卷一至六　卷八至十二　卷十四至十五）共16冊　22.2cm×12.2cm　版框13.1cm×10.2cm　九行　字數不等　白口　四周單邊　單順黑魚尾　全14冊不同程度殘損

索書號：集124　排架號：29-5-4

國朝駢體正宗評本十二卷　〔清〕曾燠選　〔清〕姚燮評　清光緒十年（1884）刻本　存3冊（卷一至六）共6冊　20cm×13.5cm　版框13.3cm×9.6cm　九行　二十字　白口　四周雙邊　單順黑魚尾

索書號：集128　排架號：29-6-2

皇朝駢文類苑十四卷　〔清〕姚燮選　〔清〕張壽榮校　清刻本　存14冊（卷一至三上　卷四至十四）共15冊　19cm×12.9cm　版框13cm×9.5cm　九行　二十字　細黑口　左右雙邊　單順黑魚尾

索書號：集129　排架號：29-6-3

皇朝駢文類苑十四卷　〔清〕姚燮選　〔清〕張壽榮校刊　清刻本　存19冊，總冊數不詳，缺（目錄，序）　20cm×12.7cm　版框13cm×9.6cm　九行　二十字　粗黑口　左右雙邊　單順黑魚尾

索書號：集130　排架號：29-6-3

皇朝駢文類苑十四卷　〔清〕姚燮選　〔清〕張壽榮校刊　清光緒十二年（1886）刻本　存19冊（卷一至三下　卷五至十四）共20冊　19.8cm×12.7cm　版框12.7cm×9.6cm　九行　二十字　粗黑口　左右雙邊　單順黑魚尾　缺冊9

索書號：集141　排架號：29-6-6

中國文學指南二卷　〔清〕邵伯棠撰　清宣統二年（1910）上海會文堂粹記印行本　全2冊　20.2cm×13.5cm　版框17.1cm×11.7cm　十二行　二十四字　白口　四周單邊　單順黑魚尾

索書號：集142　排架號：29-6-6

漁洋詩話二卷　〔清〕王士禛著　民國

元年（1912）掃葉山房石印本　全1冊
20cm×13.1cm　版框16.3cm×11.5cm
十四行　三十一字　白口　四周雙邊
單順黑魚尾

索書號：集143　排架號：29-6-6
貫華堂才子書彙稾十種　〔清〕金聖嘆評
清上海國光書局刻本　全6冊
20cm×13.4cm　版框16.5cm×11.7cm
十四行　三十二字　粗黑口　四周單邊

索書號：集144　排架號：29-6-6
音注袁太史尺牘八卷附小倉山房尺牘補遺　〔清〕袁枚著〔清〕胡又廬注釋
清宣統三年（1911）掃葉山房石印本
全4冊　19.9cm×13.4cm　版框
17.1cm×11.8cm　十四行　三十三字
白口　四周雙邊　單順黑魚尾

索書號：集145　排架號：29-6-6
音注小倉山房尺牘八卷　〔清〕袁枚撰
〔清〕胡又廬注釋　清上海錦章圖書局
石印本　全4冊　20cm×13.5cm　版框
17.4cm×12.1cm　十八行　四十字　細
黑口　四周雙邊　單順黑魚尾

索書號：集146　排架號：29-6-6
音注小倉山房尺牘八卷　〔清〕袁枚撰
〔清〕胡又廬注釋　民國元年（1912）
上海會文堂粹記印行本　全1函4冊
20.1cm×13.3cm　版框17.4cm×12cm
十六行　三十八字　細黑口　左右雙邊
單順黑魚尾

索書號：集147　排架號：29-6-6
袁文箋正十六卷附袁文補注　〔清〕袁
枚撰　清光緒十四年（1888）上海蜚英
館石印本　全2冊　19.9cm×13cm
版框15.7cm×11.1cm　十五行　三十
六字　白口　左右雙邊　單順黑魚尾

索書號：集148　排架號：29-6-6
增訂袁文箋正四卷　〔清〕袁枚撰〔清〕
魏大緗注　清同治十三年（1874）刻本
全1冊　19.9cm×13cm　版框
16cm×11.2cm　十五行　三十六字
白口　左右雙邊　單順黑魚尾

索書號：集149　排架號：29-6-6
山曉閣評點柳柳州全集四卷　〔清〕孫
琮評　清廣益書局刻本　全4冊
20.4cm×13.2cm　版框17.1cm×11.8cm
十二行　二十八字　白口　四周雙邊
單順黑魚尾

索書號：集152　排架號：29-6-6
平等閣詩話□□卷　〔清〕狄葆賢著
民國六年（1917）上海有正書局刻本
存1冊（卷二）總冊數不詳
19.7cm×13.2cm　版框14.2cm×10.8cm
十一行　二十八字　白口　四周雙邊
單順黑魚尾

索書號：集159　排架號：28-1-2
清文評注讀本四冊　〔民國〕王文濡評選
〔民國〕沈秉鈞注釋〔民國〕郭希汾注釋
民國九年（1920）文明書局刻本　存3冊

雲南省會澤縣圖書館館藏古籍目錄

· 133 ·

（二至四册）共4册　19.8cm×13.2cm
版框16.6cm×11.1cm　十一行　二十九字　粗黑口　四周單邊　單順黑魚尾

索書號：集160　排架號：28-1-2
黎選續古文辭類纂二十八卷　〔清〕黎庶昌纂　清上海商務印書館本　全12册　19.8cm×12.8cm　版框16.5cm×11.8cm　十三行　三十三字　白口　四周雙邊　單順黑魚尾

索書號：集166　排架號：28-1-4
新增硃批詳注賦學正鵠十卷　〔清〕李元度輯　清光緒二十年（1894）京都琉璃廠梓刻本　全6册　18.8cm×11.6cm　版框12.4cm×9.2cm　九行　二十一字　白口　四周雙邊　單順黑魚尾

索書號：集167　排架號：28-1-4
楹聯叢話十二卷附楹聯續話四卷　〔清〕梁章巨輯〔清〕吕恩湛重刊　清光緒二十五年（1899）湖南書局刻本　全6册　22cm×11.9cm　版框17cm×11cm　九行　二十二字　白口　四周雙邊　單順黑魚尾

索書號：集168　排架號：28-1-4
時藝課不分卷　〔清〕路德評選　清本立堂藏版刻本　全2册　21.9cm×13.7cm　版框19cm×12.5cm　九行　二十五字　白口　四周單邊　單順黑魚尾

索書號：集169　排架號：28-1-4
時藝綜不分卷　〔清〕路德評選　清本立堂藏版刻本　全1册　21.9cm×13.7cm　版框18.5cm×12.3cm　九行　二十五字　白口　四周單邊　單順黑魚尾

索書號：集170　排架號：28-1-4
時藝核不分卷　〔清〕路德評選　清本立堂藏版刻本　全2册　21.9cm×13.7cm　版框17.8cm×12.3cm　九行　二十五字　白口　四周單邊　單順黑魚尾

索書號：集171　排架號：28-1-4
時藝辨不分卷　〔清〕路德評選　清本立堂藏版刻本　全1册　22cm×13.6cm　版框18cm×12.5cm　九行　二十五字　白口　四周單邊　單順黑魚尾

索書號：集172　排架號：28-1-4
時藝話不分卷　〔清〕路德評選　清本立堂藏版刻本　全2册　21.9cm×13.7cm　版框18.5cm×12.1cm　九行　二十五字　白口　四周單邊　單順黑魚尾

索書號：集173　排架號：28-1-4
文藝金針不分卷　〔清〕路德評選　清本立堂藏版刻本　全1册　21.9cm×13.7cm　版框17.3cm×10.8cm　九行　二十五字　白口　四周單邊

索書號：集176　排架號：28-1-5
時藝階不分卷　〔清〕路德撰　清本立堂藏版刻本　全5册　22cm×18.5cm　版框18.4cm×12.5cm　九行　二十四字

白口　四周單邊　單順黑魚尾

索書號：集181　排架號：28-1-5
硃批紀太史詩注釋四卷　〔清〕紀昀著〔清〕郭木軒評注　清富文堂藏版刻本　全4冊　17.7cm×11.1cm　版框11.3cm×9.5cm　八行　字數不等　白口　四周單邊　單順黑魚尾

索書號：集182　排架號：28-1-5
有正味齋試帖詳注四卷　〔清〕吳錫麒著〔清〕吳敬恆注〔清〕吳倫注　清嘉慶十三年（1808）四友堂藏版刻本　全2冊　19cm×11cm　版框14.7cm×10cm　九行　三十二字　白口　四周單邊　單順黑魚尾

索書號：集183　排架號：28-1-6
仰止子詳考古今名家潤色詩林正宗□□卷　〔明〕余象鬥輯　清刻本　存4冊（卷五至十　卷十二至十三）總冊數不詳　18.4cm×11.4cm　版框12.5cm×9.5cm　九行　字數不等　白口　四周雙邊　單順黑魚尾

索書號：集184　排架號：28-1-6
國朝注釋九家詩十一卷　〔清〕紀昀鑒定〔清〕魏茂林評注　清嘉慶十五年（1810）合德堂藏版刻本　全3冊　18.7cm×11.3cm　版框12.2cm×9.9cm　八行　三十六字　白口　四周單邊　單順黑魚尾

索書號：集185　排架號：28-1-6
增注賦學指南十六卷　〔清〕余紗山輯　清咸豐四年（1854）敬書堂藏版刻本　存1冊（卷一至三）總冊數不詳　19.1cm×11.2cm　版框15.7cm×9.4cm　八行　二十字　白口　四周雙邊　單順黑魚尾

索書號：集186　排架號：28-1-6
有正味齋尺牘二卷　〔清〕吳錫麒著　清雲林閣刻本　全2冊　20cm×12.7cm　版框12.1cm×9.3cm　十一行　二十四字　白口　四周雙邊　單順黑魚尾

索書號：集187　排架號：28-1-6
詩緣□□卷　〔清〕王增祺輯錄　清花居藏書刻本　存1冊（存一卷）總冊數不詳　17.9cm×12.1cm　版框15cm×10.5cm　九行　二十一字　白口　左右雙邊　單順黑魚尾

索書號：集188　排架號：28-1-6
增補隨園詩話十六卷附隨園詩話補遺六卷　〔清〕倉山居士著　清咸豐四年（1854）文安堂藏版刻本　全7冊　17.7cm×12cm　版框15.4cm×10.4cm　十行　二十四字　白口　四周單邊　單順黑魚尾

索書號：集194　排架號：28-2-1
落落軒詩選不分卷　〔清〕宋嘉俊著　清刻本　存1冊，總冊數不詳　21cm×12.8cm　版框11cm×10.4cm

十一行　二十一字　粗黑口　四周雙邊

索書號：集204　排架號：28-2-4
唐詩金粉十卷　〔清〕沈炳震纂輯　清光緒十四年（1888）蜚英館刻本　全2冊　16.5cm×9.8cm　版框12.7cm×9cm　十八行　四十四字　白口　四周雙邊　單順黑魚尾

索書號：集209　排架號：28-2-4
帶經堂詩話□□卷　〔清〕王士禎撰　〔清〕張宗柟輯　清刻本　存1冊（漁洋詩話卷上　卷中　說詩晬語卷上）總冊數不詳　16.4cm×10.4cm　版框12cm×9.3cm　八行　十九字　粗黑口　四周單邊　單順黑魚尾

索書號：集211　排架號：28-2-6
御選唐宋詩醇四十七卷　〔清〕弘曆編　清乾隆十五年（1750）刻本　存19冊（卷一至四十五）共20冊　17cm×11cm　版框12.3cm×9.4cm　九行　十九字　白口　四周單邊　單順黑魚尾　冊1、冊3封面殘損，缺冊20

索書號：集220　排架號：28-3-5
重訂唐詩別裁集八十一卷　〔清〕沈德潛選　清紫貴堂藏版刻本　存36冊，共40冊，缺（宋詩別裁卷七至八　元詩別裁卷二至四　國朝詩別裁卷二十九至三十　唐詩別裁卷十一至十二）14.1cm×9.6cm　版框9.1cm×7.4cm　八行　十六字　白口　四周單邊　單順黑魚尾

索書號：集221　排架號：28-3-6
重訂唐詩別裁集八十一卷　〔清〕沈德潛選　清刻本　存23冊，總冊數不詳，缺（唐詩卷一至四　卷十至十二　卷十六至十八　宋詩卷一至四　元詩卷四至六　明詩卷三至五　國朝詩別裁卷十四至十六　卷三十一至三十二）　13.3cm×9cm　版框9.2cm×7.5cm　八行　十六字　白口　四周單邊　單順黑魚尾

索書號：集224　排架號：28-4-3
風騷旨格□□卷　〔唐〕釋齊己撰　清刻本　存3冊（風騷旨格　詩說　白石道人詩說　滄浪詩話　詩法家數　秋園擷餘　詩譯　夕堂永日緒論　師友詩傳錄　木天禁語　詩學禁臠　麓堂詩話）總冊數不詳　19cm×12.7cm　版框12.5cm×9.4cm　八行　二十一字至三十八字不等　白口　左右雙邊　單順黑魚尾

索書號：集229　排架號：28-4-3
唐詩五言律不分卷　〔清〕尹繼善選　〔清〕孟梅昌讀本　清刻本　存1冊，總冊數不詳　25.5cm×16cm　無版框　七行二十字　白口

索書號：集230　排架號：28-4-3
澹香齋試貼注釋□□卷　〔清〕王廷紹著　〔清〕張熙宇輯評　清刻本　存1冊（卷四至七）總冊數不詳　24cm×14.8cm

版框20.6cm×13.2cm　上十一行下十行
字數不等　白口　四周單邊　單順黑魚尾

索書號：集239　排架號：28-4-4
東坡詩選十二卷　〔宋〕蘇軾撰〔明〕
譚元春選〔明〕袁宏道閱　清文盛堂藏
版刻本　全4冊　24.9cm×16.6cm
版框18.7cm×14.4cm　八行　十七字
白口　四周單邊

索書號：集240　排架號：28-4-4
李太白文集三十六卷　〔唐〕李白撰
〔清〕王琦輯注　清刻本　全16冊
25.1cm×16.2cm　版框17.4cm×13.3cm
十行　四十字　白口　左右雙邊　單順
黑魚尾　冊4封面殘損，冊10封底殘損

索書號：集243　排架號：28-4-5
詩學指南八卷　〔清〕顧龍振輯〔清〕
溫浚訂〔清〕徐元楠訂〔清〕華用霖校
清敦本堂藏版刻本　全4冊
26cm×16.2cm　版框16.9cm×14.2cm
十二行　二十一字　粗黑口　左右雙邊
雙對黑魚尾

索書號：集247　排架號：28-5-1
梁昭明文選六臣全注六十卷　〔南朝梁〕
蕭統輯〔明〕張鳳翼纂注〔清〕李善注
清乾隆二十四年（1759）懷德堂藏版
刻本　全16冊　25.9cm×16.1cm　版
框22.1cm×15cm　十二行　字數不等
白口　四周單邊　單順黑魚尾

索書號：集253　排架號：28-5-5
味雪齋詩鈔續□□卷　〔清〕戴絅孫撰
清刻本　存1冊（卷十）總冊數不詳
27.2cm×17.1cm　版框17.7cm×14.6cm
十一行　二十二字　白口　四周雙邊
單順黑魚尾

索書號：集263　排架號：28-6-4
分類詩腋□□卷　〔清〕李楨編〔清〕
黃理齋鑒定〔清〕李煒雲校訂〔清〕李
煒方校訂　清桂月樓刻本　存1冊（卷
三至五）總冊數不詳　18.9cm×11.7cm
版框12.3cm×9.9cm　八行　十八字
白口　四周單邊　單順黑魚尾

詞曲類

索書號：集60　排架號：29-2-4
廢墟詩詞三卷　〔清〕劉治雍撰　清刻本
全2冊　26.2cm×15.4cm　版框
16.2cm×12cm　十三行　字數不等
白口　左右雙邊　單順黑魚尾

索書號：集61　排架號：29-2-4
律賦必以集二卷　未署撰者　清菊坡精
舍刻本　全2冊　26.3cm×15.3cm
版框17.4cm×12.7cm　九行　二十字
白口　四周雙邊　單順黑魚尾

索書號：集66　排架號：29-2-5
詞章講義四卷　〔清〕陳榮昌鑒定
〔清〕張鴻范講述　清刻本　全4冊
25cm×15cm　版框17.8cm×11.9cm

九行　二十三字　白口　四周雙邊　單順黑魚尾

索書號：集81　排架號：29-3-2

芝龕記樂府六卷　〔清〕繁露樓居士填
清光緒十五年（1889）湖南道州官廨刻本
存4冊（卷一至六）總冊數不詳
25.9cm×15.5cm　版框17.2cm×13.7cm
十行　十九字　粗黑口　左右雙邊　單順黑魚尾　冊1封面殘損，冊4封底殘損

索書號：集233　排架號：28-4-3

雪中人十六出　〔清〕李士珠正譜〔清〕蔣士銓填詞〔清〕錢世錫評點　清刻本
全2冊　23cm×14.8cm　版框17cm×12.4cm　九行　二十二字　白口　四周單邊　單順黑魚尾　全2冊不同程度殘損

索書號：集234　排架號：28-4-3

桂林霜二卷　〔清〕張三禮評文〔清〕蔣士銓填詞〔清〕楊迎鶴正譜　清刻本
全1冊　23cm×15cm　版框18.1cm×13.1cm　九行　二十二字　白口　四周單邊　單順黑魚尾　全冊均有不同程度殘損

索書號：集241　排架號：28-4-5

第七才子書六卷　〔明〕高明撰〔清〕聲山先生評點　清行恕堂刻本　存5冊（卷一至四　卷六）共6冊
24.6cm×16cm　版框18.5cm×12.8cm

九行　二十二字　粗黑口　左右雙邊　單順黑魚尾

索書號：集254　排架號：28-5-5

有正味齋詞集□□卷　〔清〕吳錫麒撰
清刻本　存3冊（卷一至三　卷六至十二　目錄）總冊數不詳　27.3cm×17.9cm
版框19.5cm×14.5cm　十二行　二十四字　粗黑口　四周單邊　雙對黑魚尾

索書號：集265　排架號：28-6-4

會真詞□□卷　〔元〕王實甫撰〔清〕金聖嘆評點　清刻本　存1冊（卷四）
總冊數不詳　16.9cm×10.7cm　版框12.2cm×7.8cm　九行　十八字　白口　左右雙邊　單順黑魚尾

索書號：集266　排架號：28-6-4

繡像第一才子書□□卷　〔明〕羅貫中撰〔清〕毛宗崗評　清刻本　存1冊（卷十一至十三）總冊數不詳
15.7cm×11.8cm　版框12.1cm×9.5cm
十一行　二十三字　白口　四周單邊　單順黑魚尾

索書號：集270　排架號：28-6-4

古文筆法百篇二十卷　〔清〕李扶九選評
清刻本　全1冊　19.8cm×13.5cm
版框16.5cm×12cm　十六行　三十字
白口　四周雙邊　單順黑魚尾

叢 部

彙編叢書

索書號：叢1　排架號：24-1-1
玉函山房輯佚書六百二十九種〔清〕
馬國翰輯　清光緒長沙嫏嬛館補校版刻本　存99册，共100册，缺（國耕帖卷十六）　25.5cm×15.4cm　版框17.4cm×12.6cm　九行　十九字　白口　四周雙邊　單順黑魚尾　册1、册60殘損，缺册89

索書號：叢2　排架號：24-2-1
淵鑒類函四百五十卷〔清〕張英纂
清康熙清吟堂刻本　存149册（卷二十七至四十五　卷六十一至一百零六　卷一百一十至一百五十四　卷一百八十至一百九十九　卷二百一十七至四百二十八）總册數不詳　23.1cm×15cm　版框17.1cm×11.7cm　十行　二十一字　粗黑口　四周雙邊　雙順黑魚尾　册6殘損

索書號：叢3　排架號：24-3-2
漢魏叢書□□卷漢魏叢書鈔□□卷
〔明〕何鏜原輯〔清〕王謨重輯　清乾隆刻本　存49册（焦氏易林　易障　關氏易傳　周易略例　古三墳　汲冢周書　詩傳孔氏傳　詩說　韓詩外傳　毛詩草木鳥獸蟲魚疏　大戴禮記　春秋繁露　白虎通德論　獨斷　忠經　孝傳　小爾雅　方言　博雅　釋名　華陽國志　劉先主志前　續齊諧記　搜神記　搜神後記　還冤記　神異經　海內十洲記　洞冥記　枕中書　佛國記　伽藍記　三輔黃圖　水經　星經　荊楚歲時記　南方草木狀　竹譜　禽經　古今刀劍錄　鼎錄　天祿閣外史　漢魏遺書鈔序　參閱名氏　經翼鈔序　經翼第一册目次　歸藏　九家易解　周易章句　京房易傳　易飛候　周易洞林　元包　尚書大傳　尚書注　今文尚書說　古文尚書疏　洪範五行傳　尚書中候　百兩篇　韓詩內傳　韓詩翼要　魯詩傳　詩譜　毛詩譜注　毛詩異同評　毛詩序義　毛詩答雜問　毛詩箋音義證　毛詩義疏　經翼第二册目次　三禮目錄　三禮義宗　三禮圖　五禮駁　周官傳　周官禮注　喪服經傳　喪服變除　喪服變除圖　喪服要記　喪服經傳略注　喪服釋疑　小戴禮記注　禮記音義隱　月令章句　明堂月令論）總册數不詳　24.3cm×16cm　版框19cm×14.5cm　九行　二十字　白口　左右雙邊　單順白魚尾　册34、册36、册64殘損

索書號：叢4　排架號：24-3-4
修本堂叢書十種〔清〕林伯桐撰〔清〕林世懋校刊　清道光二十四年（1844）番禺林氏藏版刻本　全12册　26.1cm×15.7cm　版框18cm×12.9cm　十行　字數不等　細黑口　左右雙邊　單順黑魚尾

雲南省會澤縣圖書館館藏古籍目錄

· 139 ·

索書號：叢5　排架號：24-3-5

函海一百五十九種　〔清〕李調元輯

清道光五年（1825）刻本　存75冊，共121冊，缺（説文篆韻譜卷四　緝古算經一卷　主客圖一卷　古文尚書卷五至十　程氏考古編卷一至五　建炎以來朝野雜記卷九至四十　肯綮錄一卷　燕魏雜記一卷　夾漈遺稾三卷　補刻龍洲集十卷　龍龕手鑒卷一　升菴經説十四卷　古雋八卷　哲匠金桴五卷　均藻四卷　譚苑醍醐八卷　轉注古音略五卷附古音後語　古音叢目五卷　古音獵要五卷　古音附錄一卷　古音餘五卷　奇字韻五卷　古音略例一卷　古音駢字五卷　古音復字五卷　稀姓錄五卷　升菴詩話十二卷　詩話補遺二卷　丹鉛雜錄卷七至十　玉名詁一卷　異魚圖贊卷三至四附升菴年譜一卷　蜀碑記補十卷　卍齋璅錄十卷　諸家藏畫簿十卷　博物要覽十二卷　金石存卷七至十　補刻金石存五卷　通俗編卷六至十　南越筆記卷三至十　奇字名卷七至十二　樂府侍兒小名二卷　通詁二卷　剿説四卷　四家選集小倉選集卷六至八　夢樓選集四卷　甌北選集卷四至五　童山選集十二卷　出口程記一卷　方言藻二卷　粤風四卷　蜀雅二十卷　石亭詩集十卷　石亭文集六卷　全五代詩卷二十四至三十一　卷四十至四十七　卷六十六至八十三　童山詩集卷九至二十二　童山文集卷十四至二十　補刻文集補遺一卷　淡墨錄卷五至十一　羅江縣志十卷）　24.4cm×17cm　版框18.8cm×14cm　八行　字數不等　白口　四周單邊　單順黑魚尾　冊16、冊108殘損

索書號：叢6　排架號：24-4-4

滇文叢錄一百卷首一卷　〔民國〕秦光玉編　民國開智印刷公司代印本　存8冊（卷九至二十　卷三十三至四十）總冊數不詳　24.4cm×14.9cm　版框19cm×12.8cm　十四行　三十二字　細黑口　四周雙邊　單順黑魚尾

索書號：叢7　排架號：24-4-4

呂子節錄四卷　〔明〕呂坤著〔清〕陳弘謀評輯　清光緒五年（1879）迎暉堂藏本刻本　全2冊　25.6cm×15.7cm　版框18.5cm×13cm　九行　二十四字　白口　左右雙邊　單順黑魚尾

索書號：叢8　排架號：24-5-1

番禺陳氏東塾叢書四種附考正德清胡氏禹貢圖一卷東塾讀書記二部十二卷

〔清〕陳澧撰　清咸豐刻本　存18冊，共19冊，缺（聲律通考卷六至十）26.3cm×17.1cm　版框18cm×14.1cm　十行　二十字　白口　左右雙邊　單順黑魚尾　另存三卷版本不詳

索書號：叢9　排架號：24-5-1

檀几叢書五十卷附檀几叢書餘集二卷

〔清〕王晫輯〔清〕張潮輯　清康熙刻本　全8冊　26.5cm×15.8cm　版框17.7cm×13.5cm　九行　二十字　白口　四周單邊

索書號：叢10　排架號：24-5-2

四六叢話三十三卷　〔清〕孫梅輯　清光緒七年（1881）刻本　存8冊（卷一至四　卷十至三十）共12冊　29.4cm×17.5cm　版框18.3cm×13.5cm　十行　二十一字　粗黑口　左右雙邊　雙對黑魚尾

索書號：叢11　排架號：24-5-2

無邪堂答問五卷　〔清〕朱一新撰　清光緒二十一年（1895）廣雅書局刻本　全5冊　29.5cm×18.4cm　版框20.6cm×15.3cm　十一行　二十四字　細黑口　四周單邊　單順黑魚尾

索書號：叢11-1　排架號：24-5-2

無邪堂答問五卷　〔清〕朱一新撰　清光緒二十一年（1895）廣雅書局刻本　全5冊　29.5cm×18.4cm　版框20.6cm×15.3cm　十一行　二十四字　細黑口　四周單邊　單順黑魚尾

索書號：叢12　排架號：24-5-3

粵雅堂叢書三十集　〔清〕伍崇曜輯　清光緒粵雅堂叢書刻本　存391冊，共401冊，缺（潞水客談一卷附錄一卷　陶菴夢憶八卷　小石帆亭五言詩續鈔八卷　焦山紀游集一卷　沙河逸老小槀卷四　漢書地理志稽疑卷一至四　隸經文卷三至四　孝肅包公奏議卷一至三　假數測圓二卷　墨緑彙觀錄卷四）　19.2cm×12.1cm　版框13.1cm×9.8cm　九行　二十一字　細黑口　左右雙邊　第八集冊11封面、第二十八集冊7封面殘損

索書號：叢13　排架號：23-2-2

粵雅堂叢書三十集　〔清〕伍崇曜輯　清刻本　存290冊，總冊數不詳　缺（第一集中吳紀聞卷一至三　焦氏筆乘續卷一至三　東城雜記二卷　第二集奉天錄四卷　咸淳遺事二卷　昭忠錄一卷　月泉吟社一卷　谷音二卷　河汾諸老詩集八卷　玉笥集十卷　第三集五代詩話卷四至五　唐詩論斷三卷　第四集易圖明辨卷一至四　四書逸箋六卷　古韻標準四卷　第五集國史經籍志卷五　文史通義八卷　校讎通義一卷　第六集經義考補正卷九至十二　小石帆亭五言詩續鈔卷一至三　第七集　第八集秋笳集卷六至八　燕樂考原六卷　第九集絳雲樓書目四卷　述古堂藏書目四卷　石柱記箋釋五卷　焦山紀游集一卷　南齋集六卷詞二卷　第十集　第十一集詩書古訓卷三至四　十三經音略卷一至三　說文聲系卷七至十四　第十二集鄭志一至三　文館詞林卷四　兩京新記卷一　華嚴經音義卷四　道德真經注四卷　太上感應篇注二卷　第十三集中興御侮錄二卷　襄陽守城錄一卷　第十四集朱子年譜卷二卷四　第十六集爾雅新義卷十六至二十　孫氏周易集解卷一至十　春秋梁傳時月日書法釋例四卷　第十八集國朝漢學師承記卷五至六　第十九集南雷文定前集卷一至三　程侍郎遺集卷四至七　第二十一集春秋五禮例宗卷一至六　儀禮管見

六卷　第二十二集　第二十三集外切密率四卷　假數測圓二卷　第二十四集輿地碑記目四卷　長物志卷一至七墨志一卷第二十五集烟霞萬古樓文集卷七至十二第二十八集唐才子傳十卷　樂經律呂通解五卷　六書轉注錄十卷　季滄葦藏書目一卷　月泉吟社一卷　谷音二卷　河汾諸老詩集八卷　玉笥集十卷）

17.4cm×11.3cm　版框13cm×9.8cm

九行　二十一字　白口　四周單邊

索書號：叢14　排架號：23-3-5

御覽知不足齋叢書三十集　〔清〕鮑廷博編〔清〕鮑士恭輯　清刻本　存238册，共240册，缺（第六集碧雞漫志卷一至五　第二十四集竹譜詳錄卷一至三）

18.7cm×11.8cm　版框12.6cm×9.9cm

九行　二十一字　白口　四周單邊

索書號：叢15　排架號：23-4-7

御覽知不足齋叢書三十集　〔清〕鮑廷博編〔清〕鮑士恭輯　清刻本　存189册，總册數不詳　18.6cm×11.5cm

版框13cm×9.8cm　九行　二十一字

白口　四周單邊